dtv

»Von all meinen philosophischen und spirituellen Werken ist dieses mit Sicherheit das zugänglichste und zweifellos auch das nützlichste. Denn ich versuche kein theoretisches Wissen zu vermitteln, sondern praktische Kenntnisse, wobei am wesentlichsten ist: Wie kann ich ein gutes, glückliches Leben in Harmonie mit mir selbst und meinen Mitmenschen führen? Das, was ich in meinem Buch mit einfachen Worten und konkreten Beispielen erzähle, wie bei einem Gespräch mit einem Freund, ist das Ergebnis von 30 Lebensjahren der Suche und Erfahrungen.
Meine persönliche Geschichte brächte wenig, wenn sie nicht von den Gedanken der Philosophen und Weisen der Menschheit, die mein Leben beeinflusst haben, erleuchtet worden wäre: Buddha, Konfuzius, Sokrates, Aristoteles, Epikur, Epiktet, Jesus, Montaigne, Spinoza, Schopenhauer, Levinas und viele andere. Dasein ist eine Tatsache, Leben ist eine Kunst. Auf dem gesamten Lebensweg geht man von Ignoranz zu Wissen, von Furcht zu Liebe über.« *Frédéric Lenoir*

Frédéric Lenoir, geboren 1962 auf Madagaskar, ist Schriftsteller, Philosoph, Religionskritiker und einer der renommiertesten Soziologen Frankreichs. Er ist Herausgeber des Magazins ›Le Monde des Religions‹. Bei dtv ist zuletzt von ihm erschienen: ›Die Seele der Welt‹.

FRÉDÉRIC LENOIR

Was ist ein geglücktes Leben?

Kleine philosophische Anleitung

Aus dem Französischen
von Elsbeth Ranke

Deutscher Taschenbuch Verlag

Von Frédéric Lenoir
ist im Deutschen Taschenbuch Verlag erschienen:
Die Seele der Welt (dtv premium 26012)

Ausführliche Informationen über
unsere Autoren und Bücher
finden Sie auf unserer Website
www.dtv.de

FSC www.fsc.org
MIX
Papier aus verantwortungsvollen Quellen
FSC® C019821

Ungekürzte Ausgabe 2014
Deutscher Taschenbuch Verlag GmbH & Co. KG,
München

Titel der französischen Originalausgabe:
Petit traité de vie intérieure
Deutschsprachige Ausgabe:

Umschlagkonzept: Balk & Brumshagen
Umschlaggestaltung: Sophie Götschl unter
Verwendung eines Fotos von
plainpicture/Naturbild/Marten Dalfors
Satz: Greiner & Reichel, Köln
Gesetzt aus der Sabon 10,5/14
Druck und Bindung: Druckerei C.H.Beck, Nördlingen
Gedruckt auf säurefreiem, chlorfrei gebleichtem Papier
Printed in Germany · ISBN 978-3-423-34831-7

Glück ist zu begehren, was man schon besitzt.
nach Augustinus

Inhaltsverzeichnis

Anhang

PROLOG

Dasein ist eine Tatsache, Leben eine Kunst.

Wir haben es uns nicht ausgesucht zu leben, aber wir müssen zu leben lernen, genauso wie man Klavier spielen lernt, Kochen oder Bildhauerei in Holz oder Stein. Es uns beizubringen ist Aufgabe der Erziehung. Die aber kümmert sich immer weniger darum, Wissen über das Sein an sich zu vermitteln, sondern es geht ums Tun, um Fertigkeiten. Ziel ist, uns fit zu machen für die äußerlichen Anforderungen des Lebens, nicht für die inneren: Wie finden wir zum Frieden mit uns selbst und anderen? Wie gehen wir mit Leid um? Wie lernen wir uns selbst kennen und lösen unsere eigenen Widersprüchlichkeiten auf? Wie erlangen wir echte innere Freiheit? Wie können wir lieben? Und wie finden wir zu wahrem, dauerhaftem Glück, das wohl mehr auf unserem Verhältnis zu uns selbst und zu anderen beruht als auf sozialem Erfolg und materiellem Reichtum?

Über Jahrtausende hinweg erfüllte die Religion diese Rolle der Erziehung zu einem inneren Leben. Es lässt sich nicht leugnen, dass sie das immer weniger tut. Und das nicht nur, weil sie zumindest in Europa immer weniger Einfluss auf die Menschen hat, sondern auch, weil sie sich so verknöchert hat. Meist bietet sie Dogmen, Normen, wo der Einzelne aber Sinn sucht. Sie erlässt Glaubenssätze und Regeln, die nur noch bei wenigen Gläubigen Nachhall finden, und sie schafft es nicht, ihren Blick neu auszurichten, ihre Sprache und ihre Methoden so anzupassen, dass sie die Menschen von heute in ihrer Seele berührt – obwohl die sehr wohl weiterhin über das Rätsel des Lebens nachdenken und sich fragen, worin ein gutes Leben besteht. Bedrängt von einer geradezu entmenschlichenden Konsumideologie einerseits und einer erstickend dogmatischen Religion andererseits, wenden wir uns der Philosophie und den großen Traditionen menschlicher Weisheit zu. Weise aus aller Welt nämlich – von Konfuzius bis Spinoza, von Epikur über Plotin bis Montaigne – haben uns ihre Leitsätze hinterlassen, mit denen wir unser Innenleben nähren und fortentwickeln können: das Leben hinzunehmen, wie es ist, sich selbst zu erkennen und sein Urteilsvermögen zu schulen, im »Hier und Jetzt« zu leben, sich zu beherrschen, zur Stille zu finden, werten und verzeihen zu können. Diese Leitsätze der universellen Weisheit sind heute genauso treffend wie einst. Noch immer helfen sie uns zu leben – denn unsere Welt mag sich sehr verändert haben, aber das Herz des Menschen ist nach wie vor dasselbe. Die Aussagen Buddhas darüber, was einen Menschen glücklich oder unglücklich macht, sind vielleicht zweitausendfünfhundert Jahre alt, aber sie bleiben wahr. Sokrates' Feststellung über die Ignoranz als Quell allen Übels ist so aktuell wie nie. Die Lehren des Aristoteles über Tugend und Freundschaft sind zeitlos, und auch die Maximen von Epiktet, Seneca oder Marc Aurel über Schicksal und Willensfreiheit sprechen uns noch heute an.

Was meine persönliche Entwicklung anbelangt, so habe ich mich von Jugend an in meiner Lektüre mit diesen Meistern der Lebensweisheit auseinandergesetzt. Ihnen verdanke ich meine Vorliebe für das Schöne, Wahre und Gute, um auf die großen platonischen Prinzipien zurückzugreifen. In meinem Philosophiestudium konnte ich dann meine Kenntnisse vertiefen, zugleich aber wurde mein eigener innerer Weg über zwei weitere Quellen bereichert, die sich diametral unterscheiden: Spiritualität und Tiefenpsychologie. Mit sechzehn entdeckte ich den Buddhismus, und die Lehren Buddhas sprachen mich sofort an, so zutreffend waren sie, so pragmatisch. Während eines langen Aufenthalts in Indien stieg ich tiefer in diese Lehre ein, und dort begegnete ich tibetischen Lamas, bei denen ich auch die Grundlagen der Meditation erlernte. Mit neunzehn dann war auch die Lektüre der Evangelien eine tiefgehende Erfahrung für mich. Ich entdeckte Christus nicht nur als Lehrmeister längst vergangener Zeiten, sondern auch als lebendigen Menschen, mit dem man sich im Gebet vereinigen kann, und diese Entdeckung prägte mich und gab mir Zugang zu einem ganz anderen Verständnis des Christentums als dem, das ich als Kind im Kommunionunterricht eingetrichtert bekommen hatte. Später lernte ich die Psychoanalyse nach Freud und Jung kennen, auch verschiedene Therapieverfahren auf der Grundlage der persönlichen Entwicklung (Sophrologie, Gestalttherapie, Rebirthing ...), die mir halfen, mir meiner Schwächen bewusst zu werden und einige tiefe Verletzungen zu heilen, die sich in meinem Leben unangenehm bemerkbar machten und mich immer wieder in dieselben neurotischen Szenarien zurückfallen ließen.

Die vorliegende kleine Abhandlung ist also die Frucht einer persönlichen Betrachtung auf Grundlage der Traditionen philosophischer Weisheit in Ost und West, der christlichen Spiritualität ohne ihre normative Verkrustung und der Tiefenpsychologie. Ich will nichts weiter anbieten als das, was mir selbst zum Leben und zum Aufbau meiner Identität geholfen hat. Damit dieses Buch für möglichst viele Menschen lesbar wird, habe ich mich entschieden, es in zwei Schritten zu verfassen. Entstanden ist es zunächst in Form von mündlichen Vorträgen, deren Text auch nach der schriftlichen Bearbeitung noch Spuren dieser Mündlichkeit aufweist. Was ich hier weitergebe, ist vor allem meine Erfahrung:

Zunächst die Erfahrung der Weisen, die mich inspirieren und die ich häufig zitiere, dann meine eigene Erfahrung, die ich, obwohl ich mich lange gesträubt habe, doch kaum ausblenden konnte. Wie nämlich soll man vom Innenleben sprechen, wenn man nicht von sich selbst spricht? Klar muss allerdings sein, dass ich mich keinesfalls als Vorbild sehe: Ich habe nach wie vor meine Schattenseiten, und nicht immer schaffe ich es, die Lehren wirklich umzusetzen, die ich hier vorstelle. Ganz sicher aber sehe ich heute sehr viel klarer, ich bin befriedet und unterm Strich auch glücklicher als früher. Ich wünsche mir, dass dieses kleine Buch auch anderen geplagten Seelen bei ihrer Suche nach dem Licht helfen kann zu begreifen, dass die Liebe nahe ist, dass die innere Freiheit wahr werden kann und dass es Freude gibt. Man braucht nur die Augen der Vernunft und des Herzens zu öffnen und wird sie entdecken.

I

DAS LEBEN BEJAHEN

Wir alle sind mit einer Reihe von Tatsachen konfrontiert, die wir uns nicht ausgesucht haben, die wir nicht wollten und die uns gewissermaßen aufgezwungen wurden: Nennen wir sie die »Gegebenheiten« des Lebens. Also Geburtsort, Familie, die Zeit, in der wir leben; unser Körper, unsere Persönlichkeit und unsere Intelligenz, unsere Fähigkeiten, unsere Stärken, aber auch unsere Grenzen und unsere Einschränkungen. Dazu gehören auch die Ereignisse in unserem Umfeld, die uns direkt betreffen, ohne dass wir sie beherrschen oder steuern könnten. Ich meine damit Krankheit, die wirtschaftliche Lage, Alter und Tod. Darin besteht das »Los« des Menschen.

Man kann es ablehnen und wollen, dass es anders wäre. Fast alle würden wir am liebsten nicht altern, nie krank werden, nicht sterben. Manche Menschen lehnen ihre Kultur ab, ihre Familie, ihren Geburtsort. Andere mögen ihren Körper nicht, ihr Temperament oder leiden unter bestimmten körperlichen oder geistigen Einschränkungen. Eine solche Ablehnung ist durchweg verständlich und legitim. Gelassenheit aber und inneren Frieden, auch Freude können wir nur dann erlangen, wenn wir das Sein annehmen und aus tiefstem Inneren das Leben akzeptieren, das uns gegeben ist, einschließlich seines Anteils an Unvermeidlichem. Dieses »Ja« zum Leben bedeutet nun aber keineswegs, dass man sich nicht um Veränderung bemühen sollte, um eine Fortentwicklung dessen, was sich entwickeln lässt, oder dass man vermeidbaren Hindernissen nicht aus dem Weg gehen sollte. Ein Land, in dem wir unterdrückt werden, können wir verlassen, von einer Familie, die uns kränkt, können wir uns trennen, wir können Stärken entwickeln und bestimmte körperliche Handicaps oder psychische Verletzungen in Trümpfe umwandeln. Solche Veränderungen sind aber nur beim Wandelbaren möglich, und nützen werden sie uns nur dann, wenn wir agieren, ohne das, was uns ursprünglich gegeben ist, ungestüm abzulehnen. So mag man in sein körperliches Äußeres eingreifen; dass der Körper altert, kann aber niemand vermeiden. Man kann auf Abstand zu Eltern und Familie gehen, zu innerem Frieden aber wird man unmöglich finden, wenn dieser Abstand auf dauerhaftem Groll beruht, auf beständigem Hass, auf der Verweigerung des Geschehenen. Weisheit beginnt mit dem Annehmen des Unvermeidlichen und setzt sich fort in der richtigen Veränderung dessen, was veränderbar ist.

Genau diese Einsicht steht am Ursprung einer großen philosophischen Strömung der griechisch-römischen Antike, des Stoizismus. Der Name dieser philosophischen Schule – *stoá,* Säulenhalle – leitet sich ganz einfach von der *Stoá poikíle* ab, einer berühmten, mit Gemälden geschmückten Halle, die den Athenern als Ort der Orientierung diente; Zenon, der Vater des Stoizismus, erteilte dort seine Lehren. Zahlreiche Weise haben die stoische Philosophie praktiziert, und das vom 4. Jahrhundert vor unserer Zeit bis ins 6. Jahrhundert unserer Zeit, also über etwa eintausend Jahre. Die Stoiker gehörten allen Gesellschaftsschichten an, das reichte von Kaiser Marc Aurel bis hin zum Sklaven Epiktet. Diesem Philosophen des 1. Jahrhunderts verdanken wir in seinem *Handbüchlein der Moral* ein perfektes Resümee der Unterscheidung zwischen dem, was »in unserer Gewalt steht« (unser Denken, Begehren und Meiden ...), was wir also frei verändern können, und dem, was »nicht in unserer Gewalt steht« (Leib, Habe, Ansehen ...), was wir also hinnehmen müssen. Sehr zutreffend bemerkte Epiktet, dass wir nur allzu häufig verändern wollen, was nicht in unserer Macht steht, und unverändert belassen wollen, was vor allem von uns abhängt. Diese Haltung kann nur zu Unglück und Verbitterung führen.

Genau das illustriert auch die berühmte Metapher von der *persona* – der Maske. Nach Ansicht der Stoiker nämlich sind wir nicht Herren unseres Schicksals, sondern das Schicksal bestimmt uns eine vordefinierte »Rolle«, hält uns also gewissermaßen eine Maske vor, wie sie die zeitgenössischen Schauspieler trugen, damit die Zuschauer die einzelnen Figuren in ihrer Rolle erkennen konnten: König, Sklave, Gattin, Verräter, Held ... Weisheit, so die Stoiker, besteht darin, diese Maske mittels *prohaíresis* (Wahl, Entscheidung) mit Leben zu füllen, mittels der Freiheit also, zwar nicht seine Rolle zu erwählen, wohl aber die Art und Weise, in der sie ausgefüllt wird. »Merke: Du hast eine Rolle zu spielen in einem Schauspiel, das der Direktor bestimmt. Du musst sie spielen, ob das Stück lang oder kurz ist. Gibt er dir die Rolle eines Bettlers, so musst du diese dem Charakter der Rolle entsprechend durchführen; ebenso, wenn du einen Krüppel, einen Herrscher oder einen Philister spielen sollst. Deine Aufgabe ist einzig und allein, die zugeteilte Rolle gut durchzuführen; die Rolle auszuwählen, steht nicht bei dir«,[1] erklärt Epiktet. Unabhängig vom sozialen Status, von seinem Äußeren, von den Stärken und Schwächen, die die Natur ihm verliehen hat, kann und muss der Einzelne also ganz und gar menschlich werden, indem er an sich selbst arbeitet, und er ist frei darin, tätig zu werden. »Sei nicht säumig, bring deine Aufgabe zu Ende und fülle deine Rolle mannhaft und ehrbar aus«,[2] rät auch Seneca und unterstreicht, dass jeder die Freiheit besitzt, sich zum Herrn über sich selbst zu machen, ganz egal, welche Rolle ihm von außen her zugewiesen wurde.

Genau das hatte auch Prinz Siddhartha begriffen. Der künftige Buddha lebte freilich in einem völlig anderen Kontext, dem Indien des 6. Jahrhunderts vor unserer Zeit. Gemäß der buddhistischen Überlieferung wusste der junge Prinz bis zum Erwachsenenalter gar nichts vom Unglück; er war nur von jungen, gesunden Menschen umgeben, und sein Vater hatte ihm sogar verboten, den Palast zu verlassen, damit ihn nichts Unangenehmes vor den Kopf stoße. Vier Mal allerdings gelang es dem Prinzen doch, aus dem Palast herauszukommen, und vier Mal sah er, was er nicht hatte sehen sollen: einen Greis, einen Kranken, einen Toten und einen Asketen. Dieser Anblick verstörte ihn so, dass er seinen getreuen Wagenlenker dazu befragte, und der verriet ihm, dass ganz unabhängig von Macht und Reichtum jeder Mensch altert und weder von Krankheit noch Tod verschont bleibt. Siddhartha begehrte gegen dieses »Los« auf, und fest entschlossen, es zu besiegen, floh er aus dem Palast zu den Waldasketen und unterstellte sich ihren extremen Praktiken, die ihnen außerordentliche Kräfte verliehen. Schnell aber merkte er, dass selbst diese Kräfte die Grundgegebenheiten des Lebens nicht überwinden konnten: Wie jedes lebendige Wesen würde auch er eines Tages altern und sterben. Da verließ Siddhartha die Asketen und setzte sich zum Meditieren unter einen Baum; und dort gelangte er zum Erwachen und wurde zum »Buddha« (wörtlich »der Erwachte«). Was er da begriff, war, dass man die Gegebenheiten des Lebens akzeptieren muss, statt sie zu bekämpfen, und dass man versuchen sollte, das Unglück über eine innere Antwort zu überwinden. Wahre Gelassenheit erlangen wir über die Kenntnis unseres Selbst und über eine tief greifende Verwandlung.

So wie Buddha und die stoischen Weisen können wir alle ein Gleichgewicht finden zwischen dem Hinnehmen des Unausweichlichen, dem, was sich nicht ändern lässt, und unserer Fähigkeit, zu verändern, was veränderbar ist. Nehmen wir zum Beispiel die Familie. Unsere Eltern suchen wir uns nicht aus. Wir können weder beschließen, sie auszutauschen, noch sie zu verändern. Selbst wenn wir uns nicht mit ihnen verstehen, haben wir keine andere Wahl, als sie zu akzeptieren. Als Kinder tun wir das rein instinktiv, weil wir sie brauchen, um zu überleben. Als Erwachsene müssen wir bewusst dasselbe tun, aus einer frei gewählten Beziehung heraus; es ist egal, welche Form wir dieser Beziehung geben, welche Grenzen wir ihr setzen oder ob wir gar bis zum Bruch mit den Eltern gehen. Als unausweichliche Tatsache anzuerkennen, dass das unsere Eltern sind, unsere Brüder und Schwestern, bedeutet, eine Realität zu akzeptieren. Erst dann können wir uns auch von dieser Realität distanzieren, können unsere Abhängigkeit oder unsere (gegen den anderen gerichtete) Konterdependenz beenden (eine andere Form der Entfremdung) und eine echte »Interdependenz«, also eine wechselseitige Abhängigkeit, erreichen. Dazu kann es nur nach einer willentlichen, gelassenen Distanzierung kommen. Nur unter diesen Voraussetzungen können wir mit der Wirklichkeit unseren Frieden machen, ohne in den Gefühlen von Hass oder Wut stecken zu bleiben.

Genauso wenig wie unsere Familie haben wir unsere Heimat oder das Milieu gewählt, in das wir hineingeboren wurden. Manchmal fühlen wir uns fremd in diesem kulturellen Erbe; aber ist uns dabei überhaupt bewusst, wie viel Positives es auch birgt, das unser Wesen bestimmt und uns von Nutzen ist? Ich bin Franzose, und dass meine Mitbürger so häufig an allem herumnörgeln müssen, bringt mich oft zur Verzweiflung. Aber man muss auch anerkennen, dass genau dieser kritische Geist ursächlich war für die Revolution und den Kampf für die Menschenrechte. Wir nehmen fertige Wahrheiten nicht einfach hin, wir hinterfragen ständig Politik, Religion, Wirtschaft und Institutionen, und das ist auch sehr gut so! Zu diesem Erbe stehe ich, aber gleichzeitig versuche ich bei mir selbst den Negativismus, der darin steckt, zu verwandeln. Kritisch zu denken bedeutet nicht unbedingt, alles zu kritisieren. Klare Einsichten zu haben bedeutet nicht zwangsläufig Arroganz. Und so finden sich in jeder Kultur bestimmte Elemente, die negativ und positiv zugleich sein können. Die Selbstzufriedenheit der Amerikaner etwa kann unerträglich wirken, aber man kann sie auch als erhebliche Stärke sehen, wenn sie mit Altruismus einhergeht.

Diese Arbeit des Annehmens müssen wir auch bei uns selbst leisten. Jeder von uns hat eine bestimmte Art von Intelligenz, von Sensibilität, ein angeborenes Temperament und einen Charakter, der durch Erziehung und Erleben herausgeformt wird. Das müssen wir anerkennen und uns selbst akzeptieren. Nehmen wir als Beispiel unser Äußeres. Wir werden mit bestimmten Merkmalen geboren – Augen- und Haarfarbe, eine Neigung zum Übergewicht oder zum Schlanksein, manchmal auch Behinderungen. Was machen wir mit diesem Körper? Ihn annehmen, so wie er ist, und lernen, ihn zu mögen. Diese Arbeit an einem Einverständnis ist unverzichtbar. Und indem wir diese Arbeit leisten, werden wir ganz häufig feststellen, dass manche Merkmale, die uns zunächst ungenügend schienen, durchaus liebenswert sind. Als Jugendlicher litt ich darunter, nur 1,65 m groß zu sein, während die meisten meiner Schulfreunde 1,80 m maßen. Ich litt so unter dem Blick der anderen, dass ich einen Komplex entwickelte, und ich war überzeugt, dass diese geringe Größe mir mein Leben lang im Weg stehen würde. Das war fest drin in meinem Kopf, und so nahm ich gedanklich die Ablehnung bestimmter junger Frauen, die größer waren als ich, vorweg und traute mich gar nicht erst, auf sie zuzugehen. Als Erwachsener habe ich die Tatsache, dass ich kleiner bin als der Durchschnitt, nach und nach akzeptiert. Und ich habe festgestellt, dass meine Größe überhaupt kein Problem ist. Oder besser gesagt, dass sie ab dem Moment, wo sie für mich kein Problem mehr war, auch für sonst niemanden mehr eines war. Am Ende konnte ich mich so annehmen. Und siehe da, meine Größe hat mich nicht daran gehindert, im Beruf Erfolg zu haben, und auch in meinem Beziehungsleben stellt sie keinerlei Einschränkung mehr dar.

Der Komplex, den ich als Jugendlicher hatte, war unbewusst aber auch ein Motor, um andere Qualitäten zu entwickeln: Reflexion und Kreativität. Wer weiß: Wenn ich groß gewesen wäre, hätte ich vielleicht niemals Philosophie studiert! Jede Grenze kann uns stimulieren, andere Qualitäten zu entwickeln, die sonst vielleicht ungenutzt geblieben wären. Wäre Woody Allen ein so fantastischer Filmemacher geworden, wenn er ausgesehen hätte wie Paul Newman? Natürlich hätte ich bei Gewichtsproblemen Diät gehalten, um so weit abzunehmen, wie es meiner Gesundheit und meinem Wohlbefinden guttut. Deshalb muss man, wenn man sich erst einmal so angenommen hat, wie man ist, in einem zweiten Schritt unbedingt herausfinden, ob man direkt und wirksam auf die Gegebenheiten einwirken kann, die einen unglücklich machen.

Es ist also an uns, das zu verändern, was in unserer Macht steht und was uns nicht glücklich macht oder Grund für Spannungen zwischen uns und anderen ist. Wenn ich zum Beispiel von Natur aus jähzornig bin und unschöne Dinge tue, worunter ich genauso leide wie mein Umfeld, dann ist das Erkennen und Annehmen dieses Charakters ein erster Schritt auf dem Weg der Arbeit an mir selbst. Diese kann in Form von Meditation oder Psychoanalyse geschehen; beides sind Methoden, die zu einem Gleichgewicht verhelfen können, das für inneren Frieden und ein gutes Verhältnis zu den Mitmenschen unerlässlich ist (auf diese Techniken werde ich später noch zurückkommen). Natürlich behalte ich meinen Jähzorn mein Leben lang, aber weil ich ihn erkannt und angenommen habe, kann ich ihn auch beherrschen, ihn vielleicht sogar gewinnbringend einsetzen, jedenfalls aber mich von seinen zerstörerischen Seiten befreien.

Ich selbst habe schon immer zum Träumen geneigt. In der Schule war ich oft so abwesend, dass ich nicht viel mitbekam; ich war unfähig, mich zu konzentrieren, und ich hatte in fast allen Fächern sehr schlechte Noten. Zwei Mal musste ich die Schule wechseln, um nicht sitzen zu bleiben. Ich war wütend auf mich selbst, aber dann entschloss ich mich, es mit diesem Charakterzug aufzunehmen; ich begriff, dass er mich mein Leben lang begleiten würde, und nahm ihn schließlich an, entwickelte ihn sogar fort und machte das Beste daraus. Über ein Aufmerksamkeitstraining lernte ich, mich mehr in der Wirklichkeit zu verankern. Und ich lernte auch, aus dem, was auf den ersten Blick wie ein Handicap aussah, Profit zu ziehen, indem ich meine Phantasie in der künstlerisch-schöpferischen Arbeit bündelte und Gedichte schrieb, heute sind es Theaterstücke, Romane, Comics und Drehbücher. Ich nehme mich nunmehr an, wie ich bin, manchmal muss ich weiter kämpfen, damit ich mich nicht im Alltag von meinen Träumereien überwältigen lasse, aber ich bin mit mir selbst versöhnt. Was anfangs ein Problem war, ist zu einem Quell der Inspiration geworden.

Fast täglich mache ich diese Erfahrung, seit ich vor bald dreißig Jahren meine philosophische, psychologische und spirituelle Arbeit begonnen habe: Allein die Tatsache, das Leben und seine Gegebenheiten zu bejahen, verschafft mir ein Gefühl der Dankbarkeit, das selbst wieder zu einem Quell des Glücks wird, und damit kann ich das Positive voll und ganz genießen und das Negative so stark verändern wie möglich. »Ja« zu sagen ist eine innere Haltung, die uns offen macht für die Wechselfälle des Lebens, das Unvorhergesehene, das Unerwartete, für seine Überraschungen. Es ist eine Art Atem, mit dem wir den Fluss des Daseins innerlich begleiten können. Es bedeutet, das Schwanken zwischen Freud und Leid, Glück und Unglück anzunehmen, das Leben anzunehmen, wie es ist, mit all seinen Kontrasten und Schwierigkeiten, seiner Unvorhersehbarkeit. Wie viel Leid beruht doch darauf, dass wir Tatsachen leugnen oder uns gegen jede Veränderung sträuben.

Etwas Wichtiges möchte ich noch hinzufügen. Angesichts des Grauens, angesichts des entsetzlichen Leids eines Kindes, angesichts der Deportation und des Massakers an Millionen von Unschuldigen, ist es mir unmöglich, Verständnis aufzubringen oder das zu billigen. Das Böse macht mich wütend, und ich weigere mich, einen Sinn darin zu sehen. Und doch hat mich dieses Bewusstsein für die Tragik und die Unannehmbarkeit bestimmter Ereignisse nicht von der Liebe zum Leben abgebracht. Ich denke nach wie vor, dass das Leben lebenswert ist, trotz allem. Natürlich ist es nicht ausgeschlossen, dass ich irgendwann meine Meinung ändere, etwa wenn ich das absolute Grauen am eigenen Leib erfahren würde. Bis heute aber kann ich ehrlich sagen, dass ich das Leben liebe, obwohl es mir durchaus nicht immer nur Geschenke bereitgehalten hat. *Amor fati,* gemäß dieser stoischen Devise liebe ich mein Schicksal trotz seiner Höhen und Tiefen, denn ich habe immer Kraft und Mittel gefunden, Hindernisse und Prüfungen zu bewältigen. Ja, manche Ereignisse sind unverständlich und empörend, aber ich nehme das Gegebene an und sage trotz allem »Ja« zum Leben als solchem, mit seinem Anteil von Rätsel, Schatten und Licht.

Der französische Philosoph Montaigne liefert für das, was ich zu beschreiben versuche, ein bemerkenswertes Beispiel. In seinen *Essais* schreibt er: »Die schrecklichste unserer Krankheiten aber ist die Verachtung unsres Seins«; wer jedoch sich selbst liebt, »hat den Gipfel der menschlichen Weisheit erreicht, des menschlichen Glücks«.[3] Montaigne selbst bezeichnete sich als glücklich; dabei war das Leben nicht immer sehr freundlich zu ihm. Er war in die Religionskriege hineingeboren, von anfälliger Gesundheit, und blieb vor Trauerfällen alles andere als verschont. Fünf seiner sechs Kinder hat er verloren. Und nie erholte er sich ganz vom Tod seines Freundes, Etienne de La Boétie, den er leidenschaftlich liebte. Zwar seufzte er: »Es gibt ja immer etwas, das schiefgeht«, und fügte so hübsch hinzu: »Das Leben ist ein empfindlich Ding und leicht aus dem Gleichgewicht zu bringen.«[4] Und doch konnte sich dieser Mann, weil er so hartnäckig daran festhielt, selbst in seinem Unglück noch das Glück zu suchen, als »höchst vergnügt und zufrieden«[5] bezeichnen. Stets bemühte er sich, seine Devise umzusetzen: »Dabei müsste man gerade die Traurigkeit so weit wie möglich mindern, doch mehren die Freude.«[6] Ganz ehrlich fügte er trotz allem hinzu: »Was mich jedoch betrifft, ich liebe das Leben«[7] – das Leben, wie es uns gegeben ist, das Leben, wie es ist.

2

GLAUBE UND VERTRAUEN

Eine der wichtigsten Dimensionen des inneren Lebens ist der Glaube. Ich meine damit nicht den Glauben im Sinne der monotheistischen Religionen, also einen Glauben an Gott ohne Beweis für seine Existenz, sondern ich meine den Glauben, den man auch als Vertrauen bezeichnen könnte, ohne den man im Leben nicht weitergehen, nicht vorankommen kann. Für dieses Empfinden verwenden die fernöstlichen geistlichen Strömungen übrigens gleichwertig die Wörter Glaube und Vertrauen. Der Buddhismus zum Beispiel geht von einer empirischen Feststellung aus: Ohne gläubiges Vertrauen in den *Dharma,* die Lehre Buddhas, ist jeder spirituelle Fortschritt unmöglich. Und ohne vorheriges gläubiges Vertrauen in den Lehrmeister kann man seine Lehren nicht begreifen. Der Grund dafür ist ganz einfach: Würden wir nicht glauben, dass das, was wir gleich lernen werden, uns nützt, dann würden wir es nicht ernsthaft studieren. Kinder kennen diese Wahrheit und setzen sie auch ganz spontan um: Sie vertrauen ihren Eltern, sie glauben ihnen und lernen, was diese ihnen beibringen. Genauso gilt das für die Vermittlung von Kultur und Werten sowie für alles übrige Lernen. Wie die meisten von uns habe ich zum Beispiel genau so Fahrrad fahren gelernt: Mein Vater hielt mich von hinten fest, ich sah ihn nicht und hatte Angst, ich sagte ihm, er solle mich bloß nicht loslassen, und er meinte, ich solle ihm vertrauen. Ein paar Meter weiter merkte ich, dass ich ganz alleine fuhr. Ich hatte es geschafft, mich loszumachen, weil ich ihm vertraute.

Natürlich kommt es auch vor, dass Vertrauen missbraucht wird. Wir alle kennen schlechte Lehrer, schlechte Eltern, unehrliche Menschen, die unseren natürlichen, spontanen Glauben an sie verraten. Die einen nutzen das aus für eine zerstörerische Handlung, etwa den sexuellen Missbrauch eines Kindes, andere übermitteln negative Lehren voller Hass. Auch als Erwachsene haben wir mit Menschen zu tun, die unser Vertrauen missbrauchen; aber deshalb dürfen wir es trotzdem nicht unterdrücken. Wir müssen unbedingt unser kritisches Urteilsvermögen entwickeln – darauf komme ich noch zu sprechen –, aber zugleich müssen wir uns dieses gläubige Vertrauen bewahren, ohne das es unmöglich ist, weiterzugehen, voranzukommen, erwachsen zu werden.

Das gilt übrigens in allen Gebieten, auch in der Wissenschaft. Bevor ein Wissenschaftler ein Forschungsvorhaben angeht, *glaubt* er, dass er etwas finden wird. Dieser Glaube war im christlichen Westen zunächst explizit religiös: Die ersten Gelehrten der Moderne, etwa Galilei oder Newton, waren als Gläubige der Überzeugung, dass die Welt erklärbar ist. Ihr wissenschaftliches Forschen hatte zum Ziel, die physikalischen Gesetze zu lüften, die der Schöpfer aufgestellt hatte. Hätten sie gedacht, die Welt wäre unerklärlich oder absurd, so hätten sie nicht zu forschen begonnen. Der Niedergang der Religion hat nun freilich bei den Wissenschaftlern diesen Glauben an die Erklärbarkeit der Welt nicht zerstört. »Wissenschaft aber können nur die betreiben, die tief durchzogen sind von dem Streben nach Wahrheit und Verständnis. Dieses Gefühl jedoch entspringt der Sphäre der Religion. (…) Ich kann mir einen echten Wissenschaftler ohne tiefen Glauben nicht denken«,[1] erklärte Albert Einstein, der sich selbst als »tief religiösen Ungläubigen«[2] beschrieb, weil er zwar nicht an den personifizierten Gott der monotheistischen Religionen glaubte, wohl aber einer Art kosmischer Religiosität anhing. Genauso notwendig wie für die Motivation zu wissenschaftlicher Forschung ist der Glaube übrigens für die Rezeption durch das breite Publikum. Obwohl nur wenige Menschen die Beweise der Wissenschaft nachvollziehen können, vertrauen wir der Forschung und nehmen Theorien und Schlussfolgerungen als blanke Wahrheit, obwohl sie unserer Alltagserfahrung oft völlig fremd sind. Wir haben noch nie ein Atom zu sehen bekommen, aber wir glauben, dass die Materie aus Atomen besteht, weil die Wissenschaft es behauptet. Der Soziologe Emile Durkheim sagte dazu: »Glaubt ein Volk nicht an die Wissenschaft, so haben alle wissenschaftlichen Demonstrationen keinen Einfluss auf die Geister.«[3]

Glaube ist also zunächst einmal unabdingbar, um mithilfe des Vertrauens, das wir in andere setzen, die sich besser auskennen als wir (Eltern, Erzieher, Wissenschaftler, Weise), voranzukommen; unabdingbar auch deshalb, weil er uns hilft zu leben und uns im Vertrauen auf die Welt und auf das Leben zu entwickeln. Wir sind motiviert voranzukommen, zu lernen, Fortschritte zu machen, zu forschen, uns zu engagieren, schöpferisch zu werden, weil wir glauben, dass es in der Welt und im Leben Wahrheit und Güte gibt. Warum sollte man sonst morgens aufstehen?

Dieser Glaube sieht bei jedem anders aus. Manchmal gewinnen Verzweiflung, Angst, Groll und Wut die Oberhand. Dann wird das Leben eine Qual. Bar jeden Vertrauens kann der Alltag zur Hölle werden. Dann wirkt die Welt feindlich und gefährlich. Angst ersetzt das Vertrauen. Man traut sich nicht mehr ins Flugzeug aus Angst, es könnte abstürzen, man traut sich keine Liebesbeziehung mehr einzugehen aus Angst, verraten oder verlassen zu werden, und aus Angst vor einer Ablehnung traut man sich nicht, sich auf eine Stelle zu bewerben. Und statt voranzukommen, bleiben wir in unserem beruflichen, emotionalen und sozialen Leben wie gelähmt. Leben wird unmöglich, wenn wir nicht ein Mindestmaß an Vertrauen haben. Vertrauen in uns selbst, in die anderen, ins Leben.

Dieser Glaube, dass die Welt gut und das Leben positiv ist, bildet das Fundament der stoischen Philosophie, die ich bereits erwähnt habe. »Stoisch« zu sein bedeutet heute »Schmerz und Widrigkeiten gelassen ertragen«; die Grundfesten des Stoizismus aber reichen sehr viel weiter. Aus der Beobachtung des Kosmos – der Welt, die uns umgibt – hatte Zenon den Schluss gezogen, dass er von einer Weltvernunft geleitet wird, und das nach einer Zweckbestimmtheit, die sich uns entzieht. In dieser Organisation sah er einen göttlichen Plan und damit also einen Beweis dafür, dass die Götter oder die Vorsehung nichts dem Zufall überlassen. Er forderte seine Schüler auf, sich diesem Plan zu unterwerfen und darauf zu vertrauen; aufzubegehren oder zu klagen, so erklärte er, sei ohnehin ganz zwecklos. Zum einen, weil man sich dem göttlichen Willen oder der Weltvernunft unmöglich widersetzen kann, und zum anderen, weil uns die

Götter zwar Prüfungen auferlegen, uns aber zugleich auch die Mittel geben, um mit diesen fertigzuwerden. Das fasst wiederum Epiktet folgendermaßen zusammen: »Wohlan also, auch du, sieh dir deine Kräfte an, die dir zuteil geworden, und sprich dann: ›Lass eine Gefahr kommen, welche du willst, o Gott, ich bin darauf vorbereitet; du hast mich ja geschaffen, und gibst mir nun Gelegenheit, aus dem, was du mir schickst, mit Ehren hervorzugehen!‹ Aber ihr, ihr sitzet da und zittert vor Furcht, es könnte euch etwas zustoßen, oder ihr klagt und weint und jammert über das, was euch zugestoßen ist. Und dann klagt ihr die Gottheit an.«[4]

Im Sinne der Stoiker muss man nicht unbedingt an Gott glauben; wenn ein Individuum aber ans Leben glaubt und überzeugt ist, dass alles, was geschieht, von Nutzen ist – auch wenn es ganz anders aussieht –, dann wird es Vertrauen und eine positive Haltung entwickeln, die diesen Glauben und dieses Vertrauen immer weiter nähren. Je bewusster wir die »Geschenke« des Lebens wahrnehmen, desto mehr bekommen wir geschenkt. Je mehr wir das Positive im Leben wahrnehmen, desto schöner und lichtvoller erscheint uns das Leben.

Dieses gläubige Vertrauen ins Leben kommt in einer Haltung zum Ausdruck, die uns in den Weisheitslehren und den großen spirituellen Strömungen der Menschheit unter ganz verschiedenen Bezeichnungen begegnet: Hingabe, innere Ruhe, Loslassen. Jesus rät seinen Jüngern, die sich um die Ungewissheit des Lebens sorgen, in eigentlich ganz stoischen Worten, sich der Vorsehung zu überlassen: »Seht die Raben an: Sie säen nicht, sie ernten auch nicht, sie haben auch keinen Keller und keine Scheune, und Gott ernährt sie doch. Wie viel besser seid ihr als die Vögel!«[5] Dieses Thema – sich dem Willen Gottes und seiner Vorsehung zu überlassen – ist eines der Leitmotive der christlichen, aber auch der jüdischen und der muslimischen Spiritualität. Der wahre Gläubige ist der, der das Leben als von Gott gewollt hinnimmt. Sich dem göttlichen Willen zu überlassen, verschafft einen inneren Frieden, den die Stoiker als *apátheia* bezeichneten, als Seelenruhe also, als völlige innere Affektlosigkeit. Diese radikale Hingabe entwickelt der dominikanische Theologe und Mystiker Meister Eckhart im 14. Jahrhundert unter dem Begriff der »Gelassenheit«. Meister Eckhart preist das »nichts Wollen, nichts Wissen, nichts Haben« als Bedingung für diese Gelassenheit, die für ihn gleichbedeutend ist mit dem Einswerden mit Gott. Ähnliche Gedanken, diesmal freilich in radikal atheistischer Ausrichtung, finden sich bei dem Philosophen Arthur Schopenhauer: »Der Mensch gelangt zum Zustande der freiwilligen Entsagung, der Resignation, der wahren Gelassenheit und gänzlichen Willenslosigkeit.«[6] Schopenhauer hat sich teilweise bei der hinduistischen Philosophie der *Upanishaden* Anregungen geholt, die das Hinnehmen der Wirklichkeit und die Aufgabe des Willens als Bedingung für innere Freiheit predigen.

Wir brauchen nicht bis zur Mystik der völligen Selbstaufgabe zu gehen, aber wir müssen zugeben, dass wir wirklich nicht völlig selbst über unser Leben bestimmen können: Die Schwachstellen, an denen plötzlich Überraschungen auftauchen, sind unvorhersehbar. Wenn wir dieses Stück Unwägbarkeit um jeden Preis beherrschen wollen, verurteilen wir uns selbst zu ständiger Panik. Auch unsere Mitmenschen können wir nicht kontrollieren: Wir müssen hinnehmen, dass sie sich uns stets entziehen, das gilt auch für unseren Partner oder unser Kind. So wie Khalil Gibran in seinem Buch *Der Prophet* treffend schreibt: »Eure Kinder sind nicht eure Kinder. Sie sind die Söhne und Töchter der Sehnsucht des Lebens nach sich selbst.«[7] Genauso wenig haben wir unser Berufsleben, das so vielen Zufällen ausgesetzt ist, völlig unter Kontrolle, und auch an absolute Stabilität und Sicherheit im Leben zu glauben hieße, auf einer Illusion zu beharren.

Also tun wir unser Bestes, um zu beherrschen, was beherrschbar ist, angefangen mit unseren Wünschen und Leidenschaften; innerlich aber sollten wir uns wappnen, um das Unvorhergesehene zu akzeptieren, um uns anzupassen und das Beste daraus zu machen. Die indischen Weisheitslehren verwenden einen Ausdruck, der sich mit »Loslassen« übersetzen ließe, um diese innere Haltung der Hingabe an die Wirklichkeit zu benennen. Wenn wir das zum ersten Mal tun sollen, ist es immer eine schwere Prüfung: Wir haben Angst vor dem Unbekannten, wir sind fast panisch. Und dann kommt die positive Erfahrung des Loslassens – Entspannung, Freude, das Bewusstsein, dass uns nichts Schlimmes passiert ist –, und damit steigt das Vertrauen und wir können im Loslassen immer weiter gehen.

3

VERANTWORTUNG FÜR DAS EIGENE LEBEN

Loszulassen und das Leben zu bejahen bedeutet nicht, sein Leben einfach laufen zu lassen und sich auf eine Haltung völliger Passivität zu beschränken. Die Gegebenheiten des Lebens hinzunehmen und die Zufälle des Lebens zu akzeptieren ist vielmehr ein Ansporn, uns ganz und gar einzubringen. Dieser Einsatz ist eine fein austarierte Mischung aus Hingabe und Engagement, aus Passivität und Aktion, aus Empfänglichkeit und Tatendrang. Das Leben verlangt nach Engagement. Wenn wir ihm nur auf Zehenspitzen begegnen und immer Angst haben, uns voll und ganz darauf einzulassen, dann rennen wir geradewegs in den Misserfolg, und unser Glück bleibt immer lau. Das gilt auf allen Ebenen: Ein Sportler, ein Künstler, der sich in seinem Fach entfalten will, hat keine andere Wahl, als sich mit Leib und Seele zu engagieren. Wer sich nur zögernd auf eine Liebesbeziehung einlässt, kann sicher sein, dass diese Beziehung scheitert. Genauso geht es im Beruf oder im Studium: Wenn man seine Arbeit nur halbherzig tut, ohne sich wirklich anzustrengen, ist sie niemals befriedigend. Erfolg im Leben beruht immer auf Engagement, auf einem echten Einsatz in allen Bereichen des Lebens.

Wir sind für unser Leben verantwortlich. Es ist an uns, die Talente, die uns gegeben sind, zu entwickeln, einen Fehler auszubügeln, angemessen auf Ereignisse zu reagieren, uns an andere zu binden oder auf uns selbst gestellt zu bleiben. Unser Glück und unser Unglück liegen in unserer Hand. Diese Haltung steht in diametralem Gegensatz zur leider allzu verbreiteten Opfermentalität. Es gibt Leute, die sich für nichts verantwortlich fühlen: An allem, was ihnen zustößt, sind andere schuld oder der Staat oder es war Pech. Das Unglück kommt immer von außen, und auch die Lösung erwarten sie immer von außen. Sie beklagen ihr Schicksal, statt sich aufzuraffen, sie weigern sich zu sehen, wo ihr Teil an Verantwortung liegt, und erwarten für alles Hilfe von außen. Dieser Mangel an Verantwortung beruht zum Großteil auf fehlender Innerlichkeit und mangelndem Selbstbewusstsein.

Im Westen hat über Jahrhunderte hinweg die Religion als Alibi gedient und diesen Verantwortungsverlust noch gesteigert. Der Einzelne überließ es dem Klerus, den Grund seines Leids zu erklären und sich um ihn zu kümmern. Grund allen Übels war der Teufel, die Sakramente heilten die Seelen und die Kirche übernahm die sozialen Grundaufgaben: Erziehung der Kinder, Krankenpflege, Begleitung in den großen Momenten des Lebens – Geburt, Hochzeit, Tod. In den letzten beiden Jahrhunderten hat die Kirche ihren Zugriff auf das Gewissen des Einzelnen und auf die Gesellschaft insgesamt schrittweise eingebüßt, stattdessen übernahm der Staat einen Teil ihrer Aufgaben: Schulen und Krankenhäuser wurden säkularisiert, ebenso die großen Riten des Lebens. Und so hat für viele der Wohlfahrtsstaat die Wohlfahrtskirche ersetzt. Von ihm erwarten sie jetzt alles, und sobald ihnen ein Unglück zustößt, sehen sie sich als Opfer: Dieser oder jener landwirtschaftliche oder industrielle Sektor gerät in die Krise? Da muss der Staat eine Lösung finden, selbst wenn die öffentliche Hand bei einer Krise einzelner Wirtschaftsbereiche häufig gar nichts ausrichten kann. Es kommt zu einer Naturkatastrophe? Reflexartig wird der Staat zu Hilfe gerufen, selbst wenn Häuser wider besseres Wissen in gefährlichen Zonen oder Hochwassergebieten gebaut wurden. Eine freigekommene Geisel fordert unbeirrt vom Staat Millionen Euro Schadensersatz, obwohl sie vor den Gefahren gewarnt worden war und diese Warnungen in den Wind geschlagen hatte. Jeden Tag begegnet uns diese Haltung, sich als Opfer ohne Eigenverantwortung zu sehen, unsere Mentalität ist davon geprägt.

Der französische Philosoph Jean-Paul Sartre brachte ganz zu Recht die Begriffe Freiheit und Verantwortung zusammen. Der Mensch beansprucht für sich die Freiheit und ist auch frei, erklärte er 1946 in seiner Schrift *Ist der Existentialismus ein Humanismus?* Wir Menschen, so Sartre weiter, betonten, gerade die Freiheit gebe unserem Leben einen Sinn; damit aber müssten wir auch die Konsequenzen dieser Freiheit tragen, die uns alle Möglichkeiten eröffne: nämlich uns bewusst zu sein, dass die gesamte Verantwortung für unser Leben auf unseren Schultern ruht, selbst wenn diese Vorstellung durchaus beängstigend sei.[1] Einhundert Jahre zuvor hatte der russische Schriftsteller Fjodor Dostojewski in seinem Roman *Die Brüder Karamasow* packend diese Angst veranschaulicht, die so viele Menschen dazu treibt, ihre Freiheit an eine allmächtige Institution abzutreten, die ihre allerersten Grundbedürfnisse befriedigt: Nahrung, Wohnung, ärztliche Versorgung, ein Leben in abgesteckten ethischen Grenzen. Radikal kritisierte er die Institution Kirche, die diese Grundangst des Menschen auszunutzen wusste, um den Einzelnen zu beherrschen, indem sie statt christlicher Freiheit Sicherheit bot; diese Analyse gab bereits einen Vorgeschmack vom Aufkommen der totalitären Staaten im 20. Jahrhundert. Wenn Menschen Angst haben, überlassen sie ihre Freiheit einer starken Macht. Sie geben jede Verantwortung ab. Wer dagegen bereit ist, die Folgen der Freiheit zu tragen, ist sich bewusst, dass er für sein Leben wahrhaft verantwortlich ist. Diese Menschen wollen keine »Vollkaskoversicherung« gegen die Zufälle des Lebens. Sie stehen für die Folgen ihrer Taten ein und wissen, dass die beste Antwort auf ein unumgängliches äußeres Hindernis eine innere Antwort ist: nämlich loszulassen. Weil sie es aus freien Stücken angenommen haben, wird das Hindernis weniger bedrückend, zugleich aber wird es auch denkbar, dieses Hindernis durch eine geeignete persönliche Initiative zu überwinden. Sie wissen, dass die Lösung in ihnen selbst liegt und nicht außerhalb. Dass sie für ihr Glück im Hier und Jetzt und in der Zukunft selbst verantwortlich sind.

Ich möchte Folgendes hinzufügen: Wenn wir diese Verantwortung tief in unserem Inneren erfahren, merken wir, dass uns unsere Mitmenschen in zweierlei Hinsicht etwas angehen. Zunächst wird uns bewusst, welche Konsequenzen unsere Taten für unsere nächsten Mitmenschen haben können. Alle haben wir schon einmal die traurige Erfahrung gemacht, dass ein leicht dahingesagtes verletzendes Wort jemanden, den wir lieben, schwer getroffen hat. Für sein Leben verantwortlich zu sein heißt auch abzuschätzen, welchen Einfluss unsere Gedanken, Worte und Taten haben; es heißt, wach zu bleiben und aufmerksam, es heißt, nicht unüberlegt vor sich hin zu leben. Begehen wir einen Fehler, tun wir etwas Schlechtes, täuschen wir uns – so wollen wir es zugeben und versuchen, diesen Fehler so weit wie möglich wiedergutzumachen.

Noch in einem weiteren Sinn gehen uns die anderen etwas an, denn das Wissen um die individuelle Verantwortlichkeit führt zum Wissen um die kollektive Verantwortlichkeit. Auch das hatte schon Sartre formuliert: »Und wenn wir sagen, dass der Mensch für sich selbst verantwortlich ist, so wollen wir nicht sagen, dass der Mensch gerade eben nur für seine Individualität verantwortlich ist, sondern dass er verantwortlich ist für alle Menschen.«[2] Diese Verpflichtung, die anderen mit einzubeziehen, sagt er, gestalte die Freiheit des Menschen humaner und mache sein Leben zum Engagement für die gesamte Menschheit. In einer bewegenden Szene in *Wind, Sand und Sterne*, einer Hommage an seinen Freund, den bei einem Flugzeugabsturz verunglückten Piloten Guillaumet, greift Antoine de Saint-Exupéry diesen Gedanken mit eigenen Worten auf: »Mensch sein heißt Verantwortung fühlen: sich schämen beim Anblick einer Not, auch wenn man offenbar keine Mitschuld an ihr hat; stolz sein über den Erfolg der Kameraden; seinen Stein beitragen im Bewusstsein, mitzuwirken am Bau der Welt.«[3]

Diese Vorstellung von einer Brüderlichkeit der Menschheit findet sich in zahlreichen spirituellen Strömungen: In Buddhismus und Christentum bildet sie das Herzstück, und schon die Weisen des Altertums erkannten sie an. Der chinesische Philosoph Mengzi etwa betont schon im 4. Jahrhundert vor unserer Zeit die Tugend der Menschlichkeit, »Ren«: »Jeder Mensch hat ein Herz, das anderer Leiden nicht mit ansehen kann. (…) Wenn Menschen zum ersten Mal ein Kind erblicken, das im Begriff ist, auf einen Brunnen zuzugehen, so regt sich in aller Herzen Furcht und Mitleid. Nicht weil sie mit den Eltern des Kindes in Verkehr kommen wollten, nicht weil sie Lob von Nachbarn und Freunden ernten wollten, nicht weil sie üble Nachrede fürchteten, zeigen sie sich so.«[4] Ohne Mitleid also, so Mengzi, ist der Mensch nicht Mensch.

Mich selbst hat ein Satz des Abbé Pierre stark geprägt: »Man kann nicht glücklich werden ohne die anderen.« Es stimmt, man kann nicht glücklich werden, wenn man keine liebevolle Beziehung zu anderen Menschen hat. Aber Abbé Pierre, der Begründer der sozialen Bewegung Emmaus, meinte es noch grundsätzlicher, nämlich dass man nicht gänzlich glücklich sein kann, wenn man weiß, dass so viele andere im Unglück leben, und nichts unternimmt, um ihnen zu helfen. Natürlich kann kein Mensch alles Leid der Welt schultern; wenn wir aber die, die leiden, wahrnehmen, sobald das Schicksal sie auf unseren Weg führt, wenn wir tun, was in unserer Macht steht, um zur Minderung des Leids und zum Werden einer besseren Welt beizutragen, dann geht unser Herz auf und wird weiter und weiter. Letztlich ist dies eine der Grundbedingungen für wahres Glück. Ich komme darauf noch einmal zurück, wenn wir von Liebe und Mitleid sprechen.

Was mich anbelangt, so glaube ich, wenn wir uns für unser Leben verantwortlich fühlen, dann fühlen wir uns auch verantwortlich für das Leben an sich, dieses kostbare Gut. Dann engagieren wir uns in Angelegenheiten, die über unsere eigene kleine persönliche Sphäre hinausgehen: Wir unterstützen andere Menschen, die vom Unglück geschlagen sind, auch wenn sie am anderen Ende der Welt leben; wir fühlen uns von welcher Diktatur auch immer betroffen, als würden wir selbst von ihr gegängelt; wir setzen uns für eine Frau ein, die im Iran gesteinigt werden soll, und für die Befreiung eines politischen Gefangenen in China, und wir fühlen uns auch vom Los der Welt und aller Lebewesen betroffen. Wir kämpfen für die Rettung des Planeten, damit die Erde schön und bewohnbar bleibt, damit Schluss ist mit dem Massaker an gefährdeten Arten und mit der Tierquälerei. Wie kann man das Leben lieben und es zerstören? Eigenes Leid zurückweisen und das der Tiere ertragen? Die Erde lieben und gleichgültig zusehen, wie sie ausgeplündert wird? Mir wurde das glasklar, sobald ich mir ein philosophisches Bewusstsein über das Leben angeeignet hatte. Und deshalb engagiere ich mich seit Langem in humanitären und ökologischen Organisationen. Vor über zwanzig Jahren etwa war ich mit Eric de Romain und Valérie Adt Gründungsmitglied von »Environnement sans frontières« (Umwelt ohne Grenzen), mit Hubert Reeves schrieb ich das Buch *Mal de Terre,* in dem wir die schwerwiegendsten Bedrohungen für das Leben auf der Erde anprangern. Jeder Einsatz für das Leben, egal, wie klein er ist, ist eine Möglichkeit, uns an die Welt zu binden und unsere Ablehnung von Gewalt und Zerstörung auszudrücken. Je mehr wir sind, die so handeln, desto wahrscheinlicher wird es, dass unsere Welt sich verändert.

4

HANDELN UND NICHT HANDELN

»Gewiss sind wir geboren, um tätig zu sein«, ruft Montaigne zu Beginn seiner *Essais*.[1] Sich im Leben zu engagieren heißt per se zu handeln. Der Mensch muss an der Wirklichkeit arbeiten, um sie zu formen, sie zu verändern, und das verschafft ihm Befriedigung. Dieses Bedürfnis ist einer seiner ureigenen Wesenszüge, ein charakteristisches Merkmal, das ihn von Tieren unterscheidet; wenn die ihren Bau anlegen, ihr Nest oder ihren Bienenstock bauen, tun sie das nicht zu ihrer Befriedigung, sondern sie folgen einem Überlebenstrieb. Der Mensch dagegen braucht über das einfache Überleben hinaus noch das Engagement in einer Arbeit, in einer Tätigkeit, in einem schöpferischen Akt: Tatenlosigkeit belastet ihn, und das ganz wörtlich. Sie erdrückt ihn, langweilt ihn, hindert ihn, sich ganz als er selbst zu fühlen. Ein Mensch, der nichts tut als müßig zu warten, dass die Zeit vergeht, lebt mit einem Beigeschmack von Unausgefülltheit; er kann seine Menschlichkeit nicht in all ihrem Reichtum entfalten. Schon beim Kleinkind zeigt sich diese Besonderheit, denn sobald sich ein Kind von der Stelle bewegt, und sei es auf allen vieren, kann es stundenlang mit Klötzen oder anderen Elementen spielen, die es zerlegt und wieder zusammenbaut. Etwas später beschäftigt es sich mit Bauwerken aller Art, Sandburgen zum Beispiel – und das macht ihm viel mehr Spaß als die meisten Spielsachen, die in den Läden warten, die so schnell langweilig werden und dann in der Ecke liegen bleiben. Arbeiten, die Wirklichkeit gestalten, das gehört unverzichtbar zu unserem Wohlbefinden, und mehr noch, zur Entwicklung unseres Seins. Mit Arbeit meine ich nicht nur das, womit wir unseren Lebensunterhalt verdienen, sondern jede Tätigkeit, jedes produktive Unterfangen, das wir beginnen: kochen, gärtnern, basteln, nähen; eine handwerkliche oder intellektuelle Betätigung, ein Engagement im Verein. Eigentlich alles, womit wir diesem Bedürfnis entsprechen können, das für unser Gleichgewicht so unverzichtbar ist: Wir wollen an der Welt tätig sein, wollen ihr unsere eigene Innerlichkeit einprägen, wollen spüren, wie wir zur Weiterentwicklung der Wirklichkeit, die uns umgibt, beitragen. Indem wir diese Wirklichkeit gestalten, machen wir sie unserem Sein weniger fremd, unseren Vorlieben, unseren Werten; wir bezähmen sie. Eine Führungskraft wendet ihr Wissen auf die Vorgänge an, mit denen sie befasst ist; ein Angestellter teilt sich seine Arbeit sinnvoll ein und führt Neuerungen ein, um seine Aufgaben unter bestmöglichen Bedingungen zu erledigen; wer sein Schlafzimmer neu streicht, weiß am Abend, dass der Tag produktiv war, dass er etwas getan hat, dass er vorangekommen ist, indem er die Wirklichkeit gestaltet hat. Seine Zeit war nicht vergeblich, er hat sie nicht »verloren«. Der Philosoph Alain schreibt, dass »das einzig Befriedigende und Genussreiche die Arbeit ist. Ich meine die freie Arbeit, welche zugleich Wirkung und Quelle der Macht darstellt. Kurz, noch einmal: nicht hinnehmen, sondern handeln. (…) Dieses Vergnügen gibt es in allen Tätigkeiten, denn der Arbeiter lernt und erfindet immer.«[2]

Die meisten spirituellen Strömungen und Weisheitslehren

kannten diese Wahrheit sehr wohl: dass sich der Geist durch die Arbeit entfaltet. Benedikt von Nursia, Hauptbegründer des klösterlichen Lebens im christlichen Westen, verfasste im 6. Jahrhundert seine berühmte Ordensregel über das Mönchsleben, die noch heute von zahlreichen Mönchsorden befolgt wird, den Benediktinern, den Zisterziensern und den Trappisten etwa, die zurückgezogen im Gebet leben. Benedikt erhob die Arbeit zur Kardinaltugend und verurteilte den Müßiggang als »der Seele Feind«.[3] »Sie sind dann wirklich Mönche, wenn sie wie unsere Väter und die Apostel von ihrer Hände Arbeit leben.«[4] Näher an unserer Zeit ist Baruch de Spinoza; er bezeichnet im 17. Jahrhundert dieses Bedürfnis nach Arbeit als die »Kraft, durch welche der Mensch in seinem Dasein beharrt«. Für den niederländischen Philosophen entfaltet sich das Menschliche erst im Handeln, also durch die Fähigkeit, Wirkungen auszulösen, deren Ursache wir selbst sind; und damit hält Spinoza das Handeln für »das eigentliche Wesen oder die Natur des Menschen«.[5] Passivität dagegen ist ein Zeichen von Ohnmacht, also von fehlender Befriedigung. Und er erklärt, dass die Glückseligkeit, ein zentraler Begriff in seinem Denken, von selbst wächst, wenn sich bei einem Menschen Handlungsfähigkeit und ihre Konsequenz, die Denkfähigkeit, entwickeln.

Das Bedürfnis nach Arbeit, also danach, in der Welt etwas zu bewirken, tritt in den verschiedensten Formen auf, deren höchste Vollendung meines Erachtens die künstlerische Schöpfung ist. Der Schöpfer oder Künstler begnügt sich nicht damit, etwas Nützliches zu erschaffen, sondern legt in den Gegenstand noch seine Subjektivität hinein, sein persönliches Fühlen: In seinem Werk verkörpert er seine *idea,* also das Projekt, die Vision, die er in sich trägt und in der andere sich wiedererkennen werden; die künstlerische Schöpfung nämlich, eine zweckfreie Handlung ohne tatsächlichen »Nutzen«, ist eine symbolische Handlung, die sich an das innerste Wesen richtet. Nicht umsonst gebrauchen wir bei der Beschreibung von Kunstwerken die Sprache des Herzens und der Seele: Angesichts eines Kunstwerks fühlen wir uns »betroffen«, »bewegt«, »erschüttert«. Nicht der Gebrauch, den wir davon machen können, nicht sein Nutzen, spricht uns an, sondern seine zweckfreie ästhetische und symbolische Dimension. Schöpfer sind wir übrigens alle. Wir alle haben tief in uns eine künstlerische Ader, der wir zum Ausdruck verhelfen – oder die wir hemmen, und das häufig aus Furcht vor dem Urteil der anderen, vor diesem Blick, der, so fürchten wir, sich nicht nur auf das Werk richtet, sondern auch auf unser Innerstes, auf Geist und Wesen, unser ureigenes Sein, das durch dieses Werk seinen Ausdruck findet.

Ich musste dreißig Jahre alt werden, bevor ich mich ans Klavier getraut habe, und vierzig, bis ich meinen ersten Roman geschrieben habe, obwohl diese beiden künstlerischen Tätigkeiten schon von Kindheit an mein Traum waren. Ich hatte aber mehr oder weniger bewusst Angst vor dem Urteil der anderen: Es gibt so viele Menschen, die begabt schreiben und so herrlich Klavier spielen! Lange musste ich daran arbeiten, mein Ego loszulassen, bis ich es wagte und die Meinung der anderen nicht mehr fürchtete. Wie viel Zeit habe ich da verloren, nur aus Mangel an Selbstvertrauen und aus einem falschen Ego heraus! Lassen wir also zu, dass das kreative Potenzial in uns sich frei entfaltet, egal in welcher der vielen unterschiedlichen Formen es sich ausdrückt. Da ist das Potenzial des Handwerkers, der zwar am Fließband Tische oder Stühle produziert, ganz hinten in der Werkstatt aber auch schöpferisch ein geliebtes Möbelstück gestaltet – und es dann voller Stolz und ganz bewegt herzeigen wird. Da ist der Gärtner, der neben seinen Beeten voller Kohl und Karotten einen Teil seines Gartens der Schönheit der Blumen widmet. Jeder von uns kann sich auf seine Weise daranmachen, neben dem Nützlichen auch das Schöne zu erschaffen, und dabei wird er den Rausch des schöpferischen Aktes kennenlernen.

Und doch müssen wir, egal wie wohltuend Arbeit und Schöpfung sind, eine Klippe zu umschiffen lernen: nämlich die Hyperaktivität, ausuferndes Tätigsein, das genauso verderblich ist wie die Tatenlosigkeit. In unserer derart beschleunigten Welt fluten ständig Reize auf uns ein, wir wollen allen Anfragen nachkommen, überall Leistung bringen: in der Arbeit, daheim, im sozialen Leben. Wir klammern uns am Handy fest, wir hängen nur noch vor dem Computerbildschirm – und die Kinder vor der Spielkonsole. Doch genauso, wie ein ausgeglichenes Verhältnis von Wachsein und Schlaf für uns lebensnotwendig ist, braucht auch unser Innenleben Ruhe und Entspannung. Sich auszuruhen bedeutet nicht nur zu schlafen. Ausruhen heißt auch herumschlendern, Bäume oder Schaufenster anschauen, etwas Nutzloses, Belangloses, Einfaches, Oberflächliches, nicht Geplantes tun, ohne bestimmtes Ziel, zweckfrei in einem Moment, in dem wir uns ganz gehen lassen, mit Körper und Geist. »Diese Art von Träumerei kann man überall genießen, wo man ungestört sein kann, und ich habe oft gedacht, dass ich in der Bastille oder selbst in einem finsteren Verlies, in dem mir kein Gegenstand in die Augen fiele, noch immer angenehm hätte träumen können«, schreibt Jean-Jacques Rousseau in einer der schönsten Passagen seiner *Träumereien*. Und er erklärt auch, worin dieser Zustand besteht, nämlich »wenn leichte, liebliche Gedanken, ohne den Grund der Seele zu erschüttern, nur gewissermaßen ihre Oberfläche streifen. Mehr bedarf's nicht, um sich auf sich selbst zu besinnen und seine Leiden zu vergessen.«[6]

Mein Freund Jean-Claude Carrière, ein vielfach begabter und beschäftigter Mann, verriet mir eines Tages seine »Methode« – ich hoffe, er nimmt es mir nicht übel, wenn ich sie hier verrate. Jedes Jahr schlägt er seinen neuen Terminkalender aufs Geratewohl auf und streicht, über die Monate verteilt, ein Dutzend Tage aus. Für diese Tage verbietet er sich, Termine anzunehmen. Das sind, so sagte er mir, Zeitfenster, die ganz ihm gehören, vierundzwanzig Stunden, in denen er schlafen kann, lesen, flanieren, sich mit sich selbst beschäftigen, seine Verpflichtungen hintanstellen. Andere werden diese geschenkten Tage lieber zu verlängerten Wochenenden zusammenfassen oder zu ein paar Wochen echtem Urlaub. Auf den Rhythmus oder die Form kommt es nicht an: Wesentlich ist, dass man sich Ruhezeiten herauszunehmen weiß, gerade heute, wo Aktivität und Arbeit so allgegenwärtig sind. Wir haben ja schon Angst vor den Momenten völliger Entspannung, weil wir sie als verlorene Zeit empfinden. Stattdessen sollten wir lernen, sie als gewonnene Zeit wahrzunehmen.

Ich selbst habe das erst nach und nach begriffen und umgesetzt. Mein Berufsleben ist sehr ausgefüllt, ich pendle zwischen meiner Tätigkeit in den Medien und der Forschungs- und Schreibarbeit, und ständig steht jede Menge Dringliches an. Häufig werde ich gefragt, wie ich das eigentlich alles unter einen Hut bringe. Meine Antwort lautet dann immer gleich: indem ich mir auch die Zeit nehme … nichts zu tun! Ich habe ein existenzielles Bedürfnis nach Natur, und seit zwanzig Jahren verbringe ich die meiste Zeit auf dem Land, weit weg von Paris. Jeden Tag gehe ich ohne ein bestimmtes Ziel spazieren, ich schaue zu, wie meine Katze mit meinem Hund herumtollt, ich lese eine Sportzeitung und spiele Tennis oder Fußball. In diesen Zeitabschnitten, in denen ich Druck ablasse, tankt mein Geist neue Energie, ich regeneriere mich so, dass meine Effizienz, wenn ich wieder am Schreibtisch sitze, zehn Mal so hoch ist. Und es ist ein wahres Glück, voller Enthusiasmus in drei Stunden das zu schreiben, wozu ich, wenn ich innerlich ausgelaugt gewesen wäre, sicher drei Tage gebraucht hätte!

Ja, es ist wichtig, sich ganz ins Leben einzubringen und aktiv zu sein, aber dieses Engagement und diese Tätigkeit können nur dann fruchtbar und nutzbringend werden, wenn man einen gewissen Abstand zu den Dingen hält. Das ist eines der grundlegenden Gleichgewichte im Leben.

5
SCHWEIGEN UND MEDITATION

Um Abstand zum Alltag zu bekommen, brauchen wir Zurückgezogenheit und Stille. Genau das aber macht uns häufig Angst. In der modernen Welt, in der wir ständig von zu viel Worten und Musik, Lärm und Geplärr umgeben sind, wirkt das Fehlen von Geräuschen fast schon bedrohlich. Eine halbe Stunde ohne äußere Reize lässt uns unruhig werden: Statt uns über diese Auszeit zu freuen stürzen wir uns aufs Telefon, um wieder mit der Welt in Berührung zu kommen. Wir haben Angst, mit uns selbst allein zu sein, Angst vor dem inneren Schweigen, dem das äußere Schweigen den Weg bereitet. Echte Stille ist die, die man tief in sich selbst findet. Sie besteht nicht nur darin, Radio oder Fernseher auszuschalten, sondern vor allem darin, nicht länger Gefangener unserer Gedanken und unseres inneren Lärmens zu sein, das häufig noch viel lästiger ist als der Lärm von außen. In der Stille zu leben nutzt nicht viel, wenn unser Geist in Aufruhr ist. So, wie unser Körper Ruhe braucht, muss auch unser geistiges Ich zur Ruhe kommen, Frieden finden, den Spannungen eine Zeitlang entkommen. Über diese Ruhe kann es zur Kontemplation, zur Betrachtung finden, einer Tätigkeit also, die dem griechischen Philosophen Aristoteles zufolge »die vollendete Glückseligkeit des Menschen« ist. Und, so Aristoteles weiter, »den Menschen, denen das Betrachten in höherem Grade zukommt,

kommt auch die Glückseligkeit in höherem Grade zu, nicht zufällig, sondern eben aufgrund des Betrachtens, das seinen Wert in sich selbst hat. So ist denn die Glückseligkeit ein Betrachten.«[1]

Alle Weisheitslehren betonen die große Bedeutung von Einsamkeit und innerer Stille, um zur Erfahrung der Betrachtung, der Kontemplation zu gelangen, zum Göttlichen, Absoluten, zur Verwirklichung des eigenen Selbst. In den primitivsten Kulturen ist ein vorübergehender Ausschluss aus der Gemeinschaft Teil des Initiationsprozesses, bei dem das Kind sich bewusst werden soll, dass es erwachsen wird und künftig eine Reihe von Verantwortlichkeiten zu tragen hat: Innerhalb der Gruppe wird es darüber nicht nachdenken und sich innerlich wappnen können. Zum Rückzug kommt es auch vor jeder wichtigen Entscheidung: Der Stammesführer oder der Schamane verbringt mehrere Tage allein mit sich selbst oder in Kontakt mit den übernatürlichen Kräften, um »den Geist zu reinigen« – eine unverzichtbare Voraussetzung, um die für eine Entscheidung nötige Klarheit zu erlangen. Auch Jesus nimmt nicht unmittelbar nach seiner Taufe im Jordan seine Lehrtätigkeit auf. In der Tradition der alttestamentlichen Propheten sondert er sich zunächst ab und geht für vierzig Tage in die Wüste. Erst nach diesem Rückzug ins Schweigen und ins Gebet folgt er seiner Berufung. Dasselbe gilt für Mohammed, den Propheten des Islam, der sich schon von Jugend an regelmäßig in einer Höhle sammelte, fern vom Lärm in Mekka, dem Handelszentrum Arabiens – und bei einer solchen Einkehr wurde ihm der Koran offenbart.

Das innere Schweigen ist kein Vorrecht der Propheten und geistigen Führer. Über diese Fähigkeit verfügen wir alle, sie ist das Ergebnis eines Lernprozesses, zu dem wir durch eine einfache, universelle Übung, die unter verschiedenen Bezeichnungen in fast allen Kulturen verbreitet ist, Zugang finden: die Meditation. Eine Form, sie zu praktizieren, die besonders gut von den Buddhisten beschrieben wird, besteht darin, sich in einen Zustand vollständiger Untätigkeit zu versetzen, der zur Befriedung der inneren Getriebenheit führt. Das gelingt nicht unbedingt beim ersten Mal – aber das ist alles andere als ein Grund zum Aufgeben. Meditieren kann man im Stehen, im Liegen, beim Gehen; für den Anfang ist eine sitzende Haltung die beste, auf einem Stuhl oder auf dem Boden. Als Erstes geht man auf Abstand zur äußeren Welt, denn wenn das Handy in Griff- oder Sichtweite ist, ist der Misserfolg garantiert. Dann schließt man die Augen, und in ganz aufrechter Haltung konzentriert man sich auf den Atem, lässt die Gedanken vorüberziehen, beobachtet sie also, als betrachte man von einem fahrenden Zug aus die Landschaft. Hinter dem Fenster sieht man eine Kuh, dann einen Kirchturm, und man sagt sich einfach nur »da ist eine Kuh«, dann »da ist ein Kirchturm«, aber wenn man den Kirchturm sieht, hat man die Kuh schon wieder vergessen: Nur weil man sie gesehen hat, beschäftigt sie einen nicht die ganze nächste Stunde lang. So folgt ein Gedanke auf den anderen, die Gedanken sind da, man lässt sie vorüberziehen, ohne in einen »einzusteigen«. Der Atem geht tief und ruhig. Nach und nach entspannt man sich und tritt in Kontakt mit seinem Körper, dann mit der Tiefe des eigenen Geistes.

Die Meister des Zen-Buddhismus haben ein Bild, das diesen Prozess gut veranschaulicht: Der Meditierende wird mit einem Berg verglichen und die Gedanken mit den Wolken, die diesen Berg umhüllen. Der Wind vertreibt die Wolken vom Berg, so wie der Atem die Gedanken verjagt. Wolken ziehen vorbei, andere kehren zurück; der Wind verjagt sie alle nacheinander. Dann werden die Wolken seltener, weniger dunkel, nur noch vereinzelte Fetzen hängen im Blau des Himmels. Nach einer gewissen Zeit verschwinden auch sie. Jetzt steht der Berg da in all seiner Pracht. Genauso geht es mit den Gedanken, diesen Wolken, die die Wirklichkeit des Geistes eintrüben und das innerliche Loslassen, das Aufkommen des Selbst verhindern. Wie jede körperliche oder geistige Übung erfordert die Meditation regelmäßige Praxis, um sie zu beherrschen. Eine tägliche Übung, mit der man zunächst ganz langsam anfängt: fünf Minuten am Tag, dann zehn, eine Viertelstunde, und die Geübtesten meditieren schließlich eine Stunde lang. Ich vergleiche die Meditation häufig mit dem Turnen: Am Anfang bricht man nach zehn mühsamen Liegestützen erschöpft am Boden zusammen; einen Monat später schafft man locker fünfzig. Genauso wird man bei der Meditation je nach Übung immer leichter diesen Raum des inneren Schweigens bilden können und diesen Raum immer weiter vertiefen. Die Meditation wird ein wertvolles Gut, besonders in Momenten der Spannung, der Erregung, in Stress- oder Angstsituationen – dann versetzt man sich schnell in den Zustand innerer Entspannung, den man kennt, weil man ihn schon wiederholt erfahren hat. Statt sich von negativen Gedanken überwältigen zu lassen, geht man auf Abstand zu seinen Emotionen. Statt wütend zu werden macht man sich bewusst, dass die Wut aufkommt, und man beschließt, sich nicht von ihr treiben zu lassen. Oder aber man verleiht ihr Ausdruck, wenn die

Situation es erfordert, aber als positive Triebkraft, die wir beherrschen, und aus echter innerer Freiheit heraus. Der japanische Zen-Meister Taisen Deshimaru, der seit Beginn der 1960er Jahre den Zen-Buddhismus in Europa verbreitete, verglich gerne den Geist jedes Einzelnen von uns mit einem Glas schlammigem Wasser. Man braucht, so sagte er, dieses Glas nur auf einen Tisch zu stellen und es nicht weiter durchzuschütteln, und die Flüssigkeit klärt sich: Der Schlamm fällt auf den Boden des Glases, das Wasser wird klar. Genauso, fügte er hinzu, wirkt die Meditation: Wenn wir aufhören, unseren Geist durchzuschütteln, dann setzen sich die schweren Gedanken am Boden ab, und das Wasser des Bewusstseins wird klar.

Neben dieser Meditation »für Laien« gibt es noch weitere Formen. Eine davon ist von eher »religiösem« Charakter und beinhaltet außer dem Sitzen und Schweigen noch echte spirituelle Übungen, für die die Anleitung durch einen Meister nötig ist. Im tibetischen Buddhismus gilt die Praxis des inneren Schweigens als einfache Vorstufe für andere, fortgeschrittene Praktiken, die sehr stark von der tibetischen Kultur geprägt sind: Kniefälle, das Aufsagen von Mantras, die bildliche Vorstellung von Gottheiten. Ziel all dieser Übungen ist es letztlich, den Geist von der Unwissenheit zu befreien und das Erwachen Buddhas zu erfahren. In anderer Form ist die Meditation auch in den monotheistischen Religionen zu Hause. Ihr Gebet beginnen die Gläubigen mit dem Schweigen. Sie ziehen sich zurück, sammeln sich. Diese Einkehr fördert die Begegnung mit Gott und für die Christen mit Christus. Der heilige Thomas von Aquin nannte im 13. Jahrhundert das stille innere Gebet einen »herzlichen Austausch mit Gott«. Für mich gibt es keine schönere Formulierung für die liebevolle Beziehung zwischen dem Gläubigen und dem Ganz Anderen, die dank der schlichten schweigenden Gegenwart aufkommt. Um aber in diesen Zustand der Betrachtung, der Kontemplation zu gelangen, müssen die Gläubigen lernen, sich innerlich zu beruhigen, Zugang zu finden zu diesem Zustand innerer Stille, die den Kontakt mit dem Göttlichen ermöglicht. Deshalb lernen auch immer mehr Juden, Christen und Muslime die Grundlagen der buddhistischen Meditation. Ich bin mehreren Benediktinermönchen begegnet, die sich in Japan mit der Meditation vertraut machten und diese Erfahrungen später äußerst fruchtbar für ihr eigenes spirituelles Leben nutzen konnten.

Ich selbst meditiere, seit ich zwanzig Jahre alt bin; die Grundlagen habe ich bei tibetischen Lamas im Himalaja erlernt. Seither versuche ich täglich zu meditieren. Zugegebenermaßen dauert meine meditative Sitzung an manchen Tagen nicht länger als fünf Minuten. An anderen aber kann ich über eine Stunde dabeibleiben. Die Meditation hilft mir, innerlich aufzutanken, auf Abstand zu meinen Emotionen zu gehen. Übrigens ist das auch eine der wesentlichen Grundlagen für meine vielen Aktivitäten: Ich käme niemals mit meinem vollen Terminkalender zurande, wenn ich nicht manchmal ganz abschalten würde und meinen Geist ganz wörtlich – und sei es auch nur sehr flüchtig – von der Wand der Welt ablösen könnte, vom Getriebensein, den alltäglichen Sorgen. Meditieren ist unter dem Strich kein Zeitverlust, sondern im Gegenteil ein Zeitgewinn. So, wie wir uns ausruhen müssen, um mit frischem Schwung wieder starten zu können, macht die Meditation es uns möglich, all unsere Aufgaben zielgerichteter, treffender und präziser zu erfüllen. Ich denke dabei an zwei berühmte Menschen, die wunderbar bezeugen, wie fruchtbar dieses Vorgehen ist: der heilige Vinzenz von Paul und der Dalai-Lama. Der katholische Priester Vinzenz von Paul begründete im 17. Jahrhundert unzählige karitative Vereinigungen zum Nutzen der Armen, Kranken und Kriegsopfer; darunter auch ein Hospiz für alte Menschen, das spätere Pariser Krankenhaus La Salpêtrière. Außerdem fand er noch Zeit, Sträflinge und Gefängnisinsassen zu besuchen, und er war Beichtvater der Königin Anna von Österreich, Hauskaplan der Königin Margarete von Valois und Hauslehrer bei den Neffen des Erzbischofs von Paris. Am Sterbebett von König Ludwig XIII. war er Zeuge seines letzten Atemzugs. Wie schaffte er es nur, all diese Aktivitäten zu bewältigen? Diese Frage wurde ihm häufig gestellt, und seine Antwort lautete, er brauche nur seine Tage mit vier Stunden stillem Gebet zu beginnen. So von Gott erfüllt, fuhr er fort, könne er Gott allen Mitmenschen weitergeben. Dasselbe gilt für den Dalai-Lama, einen Mann von großer Menschlichkeit, dem ich mehrmals begegnen durfte; jedes Mal beeindruckten mich seine Sanftheit, sein aufmerksames Mitgefühl für die anderen, seine Nahbarkeit. Dabei reist er sein Leben lang um die Welt, ist politisch, kulturell und spirituell aktiv und trifft sich genauso mit den Großen der Welt wie mit den einfachen Gläubigen. Eines Tages verriet er mir das Geheimnis seiner enormen Aktivität: vier Stunden Meditation, mit denen er jeden einzelnen seiner Tage beginnt.

6

WISSEN UND URTEILSVERMÖGEN

Unermüdlich wiederholten Buddha und Sokrates wie viele andere Weise diese Wahrheit: Unwissen ist die Wurzel allen Übels. Wie kann man ohne Wissen und Urteilsvermögen sein Leben konstruktiv gestalten? Ständig müssen wir auf den unterschiedlichsten Ebenen das Gute vom Bösen unterscheiden, das Wahre vom Falschen, das Gerechte vom Ungerechten, das Positive vom Negativen. Zu einem gewissen Grad, und bei Tieren ist das übrigens sehr viel stärker ausgeprägt als bei Menschen, beruht dieses Urteilsvermögen auf dem Instinkt: Ein Tier »weiß« unmittelbar, was für sein eigenes Überleben und das seiner Art gut oder schlecht ist. Auch wir besitzen diesen tierischen Instinkt, allerdings misstrauen wir ihm aufgrund der Erziehung und der Sozialisierung manchmal und folgen eigensinnig einem Weg oder schließen uns Menschen an, vor denen unser »Urinstinkt« uns eigentlich gewarnt hatte. In der Tat besitzen manche Menschen eine besonders stark ausgebildete instinktive Intelligenz, aber dieser Instinkt genügt nicht, um das menschliche Wesen in seiner ganzen Menschlichkeit zu entfalten. Vollständig zum Menschen macht uns erst die Vernunft, diese Fähigkeit zu denken, verschiedene Angaben miteinander abzugleichen und unsere Vorkenntnisse einzubringen, alles unter verschiedenen Gesichtspunkten abzuwägen, um am Ende eine Entscheidung zu treffen. Ich nenne das unsere Fähigkeit zum vernünftigen Urteil, die im Unterschied zum instinktiven Urteilsvermögen nicht angeboren ist, sondern durch Erfahrung und Wissen erworben wird. Sich Urteilsvermögen anzueignen gehört zu unseren wichtigsten Lebensaufgaben, und dazu braucht man Wissen, Bewusstsein, persönliche Reflexion. Genau das ist das Ziel der Philosophie – nicht umsonst bedeutet das griechische Wort »Liebe zur Weisheit« –, denn sie besteht im Grunde darin, die Wahrheit zu suchen. Dieses Streben nach Erkenntnis ist zum Überleben nicht unabdingbar – wir alle kennen Menschen, die falschen Überzeugungen anhängen, Vorurteilen, vorgefassten Meinungen, und die trotzdem die Grundbedürfnisse des Lebens richtig befriedigen –, aber es ist unerlässlich für den, der ein wirklich menschliches Leben führen will, der sich über das einfache Animalische erheben will, der auf der Suche nach dem Schönen, Gerechten, Wahren und Guten ist. Der Philosoph Hegel unterstreicht dabei, dass dieses Streben nach Wissen zugleich ein Streben nach Freiheit ist: »Der Unwissende ist unfrei, denn ihm gegenüber steht eine fremde Welt, ein Drüben und Draußen, von welchem er abhängt, ohne dass er diese fremde Welt für sich selber gemacht hätte und dadurch in ihr als in dem Seinigen bei sich selber wäre. Der Trieb der Wissbegierde, der Drang nach Kenntnis, von der untersten Stufe an bis zur höchsten Staffel philosophischer Einsicht hinauf, geht nur aus dem Streben hervor, jenes Verhältnis der Unfreiheit aufzuheben und sich die Welt in der Vorstellung und im Denken zu eigen zu machen.«[1]

Das große Paradox der philosophischen Erkenntnis und zugleich ihr Ausgangspunkt besteht darin, dass man zunächst einmal verlernen muss. Alle Gewissheiten, die wir über die Erziehung durch die Familie, die Religion, die Gesellschaft erlangt und selbst nicht kritisch reflektiert haben, müssen wir in Frage stellen. Denn natürlich werden über diese Kanäle Wahrheiten vermittelt, aber eben auch Irrtümer und Vorurteile. Jede Epoche, jedes Land, jede Kultur, jede Familie vererbt ihr Päckchen eingeschränkter oder irriger Sichtweisen auf die Wirklichkeit. Das Eingeständnis unseres eigenen Unwissens ist also die eigentliche Grundlage jedes Weisheitsstrebens. Sehr gut brachte das Sokrates zum Ausdruck: »Denn von Weisheit kann ich nicht die geringste Spur in mir finden.«[2] Zur Genüge wiederholt, verunsicherte er mit diesem Satz seine Gesprächspartner und zwang sie, auch ihre eigenen Gewissheiten in Frage zu stellen. Seine Art der Unterweisung war einer dogmatischen Wissensvermittlung diametral entgegengesetzt: Unaufhörlich befragte er seine Gesprächspartner und führte ihnen so ihr Unwissen oder die Widersprüche in ihren Darlegungen vor Augen. Über diese Destabilisierung brachte er sie dazu, ohne vorgefasste Meinung nachzudenken. In Anlehnung an seine Mutter, eine Hebamme, sah Sokrates sich als Geburtshelfer der Seelen. Für diese radikal kritische Herangehensweise, mit der er ein Gutteil der Vorurteile seiner Zeit und seiner Polis hinterfragte, sollte er mit seinem Leben bezahlen.

Noch heute verlassen sich trotz aller Fortschritte der Erkenntnis und in der philosophischen Erziehung viele Menschen lieber auf Vorurteile und weigern sich, kritisch zu hinterfragen, was sie als Kind gelernt haben. Bei manchen ist das wohl auf intellektuelle Faulheit zurückzuführen. Andere haben Angst vor Destabilisierung, Angst, bestimmte Lebensentscheidungen in Frage zu stellen, Angst auch, sich aus der Gruppe, der Familie, dem Clan auszuschließen. Ja, die Wahrheitssuche macht frei, aber sie macht eben auch einsam. Sie löst die natürlichen, archaischen Bande, die oft auf einem unausgesprochenen Konsens über gemeinsame Werte und Glaubenssätze beruhen. Genau deshalb sagte übrigens auch Jesus: »Ich bin nicht gekommen, Frieden zu bringen, sondern das Schwert. Denn ich bin gekommen, den Menschen zu entzweien mit seinem Vater und die Tochter mit ihrer Mutter und die Schwiegertochter mit ihrer Schwiegermutter. Und des Menschen Feinde werden seine eigenen Hausgenossen sein. Wer Vater oder Mutter mehr liebt als mich, der ist meiner nicht wert; und wer Sohn oder Tochter mehr liebt als mich, der ist meiner nicht wert.«[3] Sein Wort spaltete die Familien: Die einen glaubten an ihn, die anderen nicht. Der Philosoph, der spirituell Suchende, der sich weigert, an den manchmal täuschenden äußeren Anschein zu glauben, die falschen Selbstverständlichkeiten und die vorherrschenden Vorurteile, muss eine gewisse Einsamkeit aushalten, manchmal aber gar die Feindseligkeit seiner Verwandten, die noch in ihrer Unwissenheit feststecken.

Platon, der wichtigste Schüler und Überlieferer des Sokrates, hat das in seinem Höhlengleichnis im 7. Buch seiner *Politeia* hervorragend veranschaulicht. In diesem Mythos geht es um Menschen, die seit Urzeiten in einer Höhle angekettet sind, deren Eingang sie nicht kennen. In ihrem Rücken spendet ihnen ein Feuer Licht, von der Außenwelt sind sie durch eine niedrige Mauer abgetrennt, hinter der wie in einem Marionettentheater Träger mit Statuen vorbeigehen. Die Menschen aber sehen nicht einmal diese Statuen, denn sie wenden ihnen den Rücken zu. Was sie sehen, sind deren Schatten, die das Feuer auf die Höhlenwand wirft, auf die sie blicken: Und da sie nie etwas anderes gesehen haben als diese Schatten, sind sie überzeugt, dass diese die wahre Welt sind. Platon stellt sich nun vor, dass einer der Gefesselten sich von seinen Ketten befreit, aus der Höhle tritt, die Welt so sieht, wie sie ist, und die »Heilung aus dem Unverstand« erlebt. Was aber wird er tun, wenn er wieder in die Höhle zurückkehren und sein Leben als Gefangener weiterführen muss? Seine Gefährten würden ihn auslachen und es ganz gewiss ablehnen, dieselbe Erfahrung zu machen wie er; sie würden dem Unbekannten diese Schatten vorziehen, an die sie gewöhnt sind, so begrenzt und täuschend sie auch sein mögen. »Und wenn sie den, der es etwa versuchte, sie zu entfesseln und hinaufzuführen, irgendwie in ihre Hand bekommen und umbringen könnten, so würden sie ihn doch auch umbringen?«[4]

Eben dieses Licht der Erkenntnis hilft uns bei der besonnenen Urteilsfindung, beim Treffen der rechten Entscheidung unter Einbeziehung des gesamten Spektrums der Wirklichkeit, statt uns nur blind von unseren Instinkten und Traditionen leiten zu lassen. Damit wir uns richtig verstehen: Es geht keinesfalls darum, die Werte, die unsere Gesellschaften jahrhundertelang geleitet haben, in Bausch und Bogen für ungültig zu erklären. Im Okzident waren diese Werte die christlichen, und sie galten als Ausdruck des göttlichen Gebotes, als grundsätzlicher Wertekodex, der indiskutabel war und nicht übertreten werden durfte. Ähnlich sieht es in anderen Zivilisationen aus, in denen andere Religionen dominieren. Alle religiösen Strömungen der Welt haben ein Quantum grundlegender Verhaltenskodizes und Werte transportiert: das Verbot von Mord, Vergewaltigung,

Lüge, Inzest. Mir geht es keineswegs darum, diese Werte abzuschaffen, sondern darum, dass jeder Einzelne von uns sie sich persönlich aneignet. Es ist eine Tatsache, dass wir uns in den heutigen Gesellschaften – und das halte ich für das Wesen der Moderne – nicht mehr mit Argumenten von oben begnügen. Kant spricht von der »Mündigkeit«, und wer mündig ist, muss wissen, warum ein Verbot besteht und dass es gerechtfertigt ist, bevor er sich daran hält. Die religiösen Traditionen hingegen befördern universelle Wahrheiten, aber auch Vorurteile, wie beispielsweise bestimmte Essensverbote, die in einer alten Kultur wurzeln und für die es heute häufig keinen Grund mehr gibt. Diese Vorurteile sollen wir hinterfragen. Andererseits scheint es mir nötig, jede Situation als Einzelfall zu betrachten, während Religionen häufig zur Verallgemeinerung ihrer Regeln neigen. Nehmen wir das Beispiel der Abtreibung, die von allen Religionen verurteilt wird. An sich handelt es sich dabei natürlich um eine negative Handlung, weil sie das Entstehen eines neuen Lebens verhindert. Eine bestimmte persönliche Lebenslage aber kann diese negative Handlung durchaus zum kleineren Übel machen, und ich glaube, hier muss jeder genau abwägen, bevor er die Entscheidung trifft, die er unter den gegebenen Umständen für die beste hält. Ein kollektives Urteil ohne Berücksichtigung der Einzelsituation, aus der heraus die Abtreibung notwendig werden kann, finde ich bedauerlich. Andererseits ist es meiner Meinung nach genauso wenig hilfreich, dass heute im öffentlichen Diskurs so getan wird, als sei eine Abtreibung etwas ganz Belangloses. Urteilsvermögen besteht darin zu beachten, wie gravierend dieser Akt und seine Folgen sind, und sich dann bei vollem Bewusstsein für den richtigsten

Weg zu entscheiden, und zwar unter Berücksichtigung aller affektiven, emotionalen und materiellen Faktoren, die mit im Spiel sind. Natürlich ist es einfacher, gedankenlos den sozialen oder religiösen Glaubensvorgaben zu folgen, als sich eine persönliche Überzeugung zu bilden.

7

ERKENNE DICH SELBST

Die Arbeit am Urteilsvermögen und bei der Wahrheitssuche, deren Bedeutung ich eben dargelegt habe, erfordert nicht nur ein Lernen und eine Kenntnis der Welt, sondern auch eine echte Kenntnis seiner selbst. Heraklit, der Philosoph aus Ephesus, erklärte schon zu Beginn des 5. Jahrhunderts vor unserer Zeit, man müsse sich selbst erforschen.[1] Unvergesslich auch der berühmte Wahlspruch des Sokrates: »Erkenne dich selbst.« Er hatte ihn nicht erfunden, sondern vom Apollon-Tempel in Delphi übernommen; Platon versichert, eine so lautende Inschrift habe den Tempelgiebel geschmückt und sei zum Sinnbild seines Strebens geworden. Sokrates befragte seine Athener Gesprächspartner nicht zu abstrakten metaphysischen Fragen, sondern er brachte sie dazu, sich von sich selbst zu entbinden. Über ihre Individualität hinaus wollte er durch den Einzelnen auch Zugriff auf die menschliche Natur erhalten. Nach seiner Überzeugung kann ein Individuum, das tief in sein Wesen vordringt und sich damit über seine Vorurteile und Leidenschaften hinwegsetzt, schließlich zum »Wahren« gelangen, das den Menschen wirklich ausmacht: wahrer Mut, wahre Gerechtigkeit, wahre Güte. Nichts anderes meinte Buddha mit seinen Worten: »Wenn bei einem Eifrigen, Meditierenden, Edlen wirklich die Wahrheit entsteht, dann schwinden ihm die Zweifel alle, denn er schaut das

Gesetz der Bedingtheit.«[2] Diese Bedingtheit bezieht sich auf eine einzige, gemeinsame Natur, die jenseits des Individuellen liegt und jeden von uns mit der gesamten Menschheit verbindet. Sich selbst zu kennen, heißt also, die Menschheit zu kennen, aber auch den Kosmos und das Göttliche, das sich im eigenen tiefsten Inneren offenbart. Die vollständige Inschrift vom Apollon-Tempel bringt das auch explizit zum Ausdruck: »Erkenne dich selbst, und du wirst das Universum und die Götter kennen.« Was Mengzi, der chinesische Zeitgenosse des Sokrates, auch sehr treffend so formulierte: »Wer seiner Seele auf den Grund kommt, der erkennt sein eigentliches Wesen. Erkenntnis dieses eigentlichen Wesens ist Gotteserkenntnis.«[3]

Die zeitgenössische Kultur reduziert gerne die Ziele der Selbsterkenntnis auf den Bereich der Persönlichkeitsentwicklung: Man lernt sich selbst kennen, um seine Emotionen zu beherrschen, um in seinem Alltag besser zurechtzukommen. Natürlich ist das ein durchaus erstrebenswertes Ziel, aber zugleich vereinfacht es doch sehr stark. Es übersieht dabei, dass man beim Erkennen seiner selbst auch zu einer umfassenderen Wahrnehmung der menschlichen Natur gelangt. Und es ist wichtig, das zu verstehen. Wie wir eben gesehen haben, bedeutete für die Philosophen der Antike die Arbeit an sich selbst immer auch eine Arbeit an der Menschheit. Die Spannung zwischen Gut und Böse, die sie an sich selbst erfuhren, lehrte sie zugleich, wie der Kampf zwischen Gut und Böse im Herzen jedes Menschen abläuft. In der modernen Welt hat diese Seelenforschung durch die Literatur ein neues Gesicht bekommen. Die Meisterwerke von Balzac, Stendhal, Flaubert oder Proust stellen sehr fortgeschrittene Analysen der Seele dar. Über die Psychologie eines Père Goriot, einer Madame Bovary oder eines Julien Sorel kommt die Komplexität des Menschlichen zum Ausdruck, seine Größe und sein Kleingeist, seine widersprüchlichen Bestrebungen, die Macht der Liebe, die Fähigkeit zur Zerstörung ... Dank der modernen Literatur lernen viele über die Romanfiguren sich selbst zu erkennen und zugleich den Menschen an sich. Mir etwa bedeuteten in meiner Jugend die Romane sehr viel, und bestimmt haben sie mir genauso wie die Philosophie geholfen, mich und die Natur des Menschen besser zu begreifen. Wenn ich heute meine eigenen Romane schreibe, spreche ich darin natürlich von mir selbst und über mich auch von der Menschheit.

Bei der Selbsterforschung kann man auch wie in der Antike vorgehen, nämlich über eine praktische Arbeit der rationalen Innenschau; dafür besitzen wir verschiedene Instrumente, die uns helfen, die große Frage »Wer bin ich?« zu beantworten und auf dem Weg dahin auch auf konkretere existenzielle Fragen einzugehen: »Was motiviert mich?«, »Warum verhalte ich mich auf diese Weise?«, »Warum habe ich eine Abneigung gegen diesen oder jenen Menschenschlag?« Bei dieser Arbeit darf man nie aus dem Blick verlieren, dass jeder von uns Abneigungen und Sympathien hat, Vorurteile und Schattenseiten; daher erfordert diese Arbeit sehr viel Demut: Denn wir werden alle Nöte und alle destruktiven Neigungen kennenlernen, die in uns wohnen.

Als ich mich dieser Aufgabe gestellt habe, und das auf so unterschiedlichen Wegen wie der buddhistischen und der christlichen Spiritualität sowie der Psychoanalyse und Gestalttherapie, bedeutete es einen schweren Schock für mich, als mir meine negativen, destruktiven Triebe bewusst wurden. Mir wurde klar, dass ich in einem gewissen Ausmaß zur Gewalt neigte und dass diese Triebe mich in einem anderen Kontext und bei einer anderen Erziehung vielleicht zum Kriminellen hätten werden lassen. Jetzt »verstand« ich jene, die tatsächlich so zerstörerische Taten verüben, und obwohl ich diese Taten weiterhin verurteile, kann ich einfach besser begreifen, wie jemand in Ermangelung eines Schutzwalls seiner Schattenseite nachgibt. »Richtet nicht«,[4] sagt Jesus. Wirklich verstanden habe ich diese Weisung erst, nachdem ich mich dieser Arbeit selbst unterzogen hatte. Wenn ich über andere richte, das war mir nun klar, richte ich zuerst über mich selbst, weil ich die schändlichen Neigungen, die ich gerade verurteile, ja selbst in mir trage. Wenn wir lernen, uns wahrhaftig selbst zu kennen, wächst unser Mitgefühl, und das idealisierte Bild, das wir von uns selbst haben, stürzt in sich zusammen. Möglicherweise ist das unerträglich, solange man das, was ist, nicht hinnimmt. Dieses Hinnehmen aber ist der unabdingbare erste Schritt zum Wandel. Sich selbst, seine Sippe oder sein Land zu idealisieren, hat automatisch zur Folge, dass das Böse nach außen verwiesen wird. Auf diese Weise werden fast alle Kriege legitimiert.

Wir haben verschiedene Instrumente zur Verfügung: philosophische, psychologische oder im eigentlichen Sinn religiöse. Diese Instrumente sind allen zugänglich und können uns helfen, in die analytische Innenschau einzusteigen und unsere Hinterfragung immer weiter voranzutreiben. Sie helfen uns auch, die Fähigkeit zu entwickeln, uns selbst zu erkennen und uns anzunehmen, etwa über das Bewusstsein des Körpers in Harmonie mit dem des Geistes. Sie gehen über die sinnliche und emotionale Erfahrung, die ohne Wertung, ohne Vorurteil erlebt wird. Über all diese Wege können wir Fesseln sprengen, Vorurteile aufbrechen, das Ego hintanstellen, denn alles das versperrt uns den Zugang zum Verständnis dessen, was wir wirklich sind.

Eines der kognitiven Instrumente ist das persönliche »Tagebuch«, in dem täglich und vorzugsweise schriftlich, ansonsten im Kopf, die Taten und Gedanken des Tages rekapituliert werden. Im antiken Griechenland empfahl Epiktet jedem, sich vor dem Einschlafen eine Reihe wesentlicher Fragen zu stellen: Hatte man etwas unterlassen, was der Glückseligkeit dienlich ist und den Göttern gefällt? Hatte man sich gegen die Freundschaft, die Gesellschaft, die Gerechtigkeit vergangen? Hatte man etwas unterlassen, das ein rechtschaffener Mann tun soll?[5] Diese Übung wurde in der christlichen Tradition wieder aufgenommen, insbesondere von Ignatius von Loyola, dem Begründer des Jesuitenordens; damit man »in dem erreichten Guten sich auch erhalte«, soll man, so erklärt er, zwei Mal täglich sein Gewissen prüfen – und zudem wöchentlich die erreichten Fortschritte vergleichen.[6]

Egal, welcher Methode man folgt: Die Innenschau kann man natürlich alleine vornehmen, aber auch mit Unterstützung eines geistigen Führers. Sokrates war als solcher Führer unnachahmlich, und nach der Antike haben im Grunde nur wenige Philosophen diese Rolle eingenommen, bei ihren Schülern direkt das Gewissen wachzurütteln. Die westliche Philosophie hat den Charakter einer Lebensweisheit denn auch mehr und mehr verloren und wurde zur theoretischen Disziplin, und die wenigen Philosophen, die wirkliche Weise waren wie Spinoza, Montaigne oder Schopenhauer, hatten keine unmittelbaren Schüler.

Ganz anders ist das im Orient, wo die Weitergabe der Weisheit vom Meister auf den Schüler seit über zweitausend Jahren ununterbrochen stattfindet. Der spirituelle Meister hinterlässt dabei nicht nur ein Wissen, sondern vermittelt auch die Modalitäten einer Erfahrung, die der Schüler jedoch selbst machen muss. Er gibt eine Methode der Arbeit an sich selbst vor und überprüft die korrekte Anwendung. Häufig spielt er eine noch wichtigere Rolle, wenn er nämlich in den Augen seiner Schüler ein Wesen verkörpert, das das höchste Ziel des spirituellen Lebens erreicht hat: die Befreiung. Der Schüler »verehrt« seinen Meister dann als Verkörperung des Göttlichen oder des Absoluten und bindet sich stärker affektiv an ihn. Das kann natürlich große Enttäuschungen und schlimmen Missbrauch zur Folge haben, wenn der Meister seiner Rolle nicht gerecht wird und das Vertrauen seiner Schüler ausnutzt. In der zweiten Hälfte des 20. Jahrhunderts gab es in Indien eine Reihe solcher Pseudo-Meister, die mit gutgläubigen westlichen Schülern übel umsprangen; was sogar dazu geführt hat, dass die schöne Bezeichnung »Guru« – eigentlich »geistiger Freund« – bei uns fast schon zum Synonym für einen spirituellen Betrüger und Seelen-Manipulator geworden ist. Die Wahl eines geistigen Führers erfordert also ein großes Urteilsvermögen, und viele westliche Suchende, die sich ihrer selbst nicht sehr stark bewusst sind, projizieren auf exotische Charismatiker – indische Gurus, tibetische Lamas, japanische Zen-Meister, asiatische Schamanen – kindliche Erwartungen, mit denen sie sich gegenüber diesen nicht immer untadeligen oder wohlmeinenden Menschen in ein affektives Abhängigkeitsverhältnis begeben. Ich kannte etwa einen tibetischen Lama, der mit den meisten seiner hübschen Schülerinnen sexuelle Beziehungen pflegte – angeblich handelte es sich um tantrische Initiationsriten –, und manchmal brauchten die naiven Schülerinnen Jahre, bis ihnen schmerzlich bewusst wurde, dass sie als reine Lustobjekte benutzt worden waren. Solche Verfehlungen gab es lange auch in der christlichen Welt mit Beichtvätern und angeblichen Seelsorgern, die in Wirklichkeit einfach nur Perverse waren. Die aktuellen Missbrauchsaffären in der katholischen Kirche rufen uns das nur allzu traurig wieder ins Gedächtnis. Betrachtet man die Botschaft der Evangelien, ist im Christentum übrigens die Gegenwart eines geistigen Führers weniger selbstverständlich als in den orientalischen Traditionen, denn der wahre geistige Führer ist hier Christus, mit dem die Christen sich im Gebet vereinen. Jesus selbst bezeichnete sich als »der Weg und die Wahrheit und das Leben«.[7] Im Grunde ist der christliche Glaube kein Glaube an Dogmen, sondern ein vitales Band, das den Gläubigen mit Christus vereint und über ihn mit dem unnennbaren Gott. Der eigentliche Seelsorger ist der Heilige Geist, den Christus, als er diese Welt verließ, entsandte: »Wenn aber jener, der Geist der Wahrheit, kommen wird, wird er euch in alle Wahrheit leiten.«[8] Ein Christ ist ein Schüler Christi, er versucht Gottes Willen zu tun, indem er auf den Heiligen Geist hört. Und über das stille Gebet dringt er in sein eigenes Innerstes vor, um die Stimme seines Gewissens zu hören, die vom Geist Gottes erhellt wird.

Mit neunzehn Jahren, also ein paar Jahre nachdem ich dank der Platon-Lektüre und der Entdeckung des Buddhismus begonnen hatte, mich für philosophische Fragestellungen zu interessieren, war die Lektüre der Evangelien für mich ein mystischer Schock. Ich hatte in der Natur schon mehrere Erfahrungen gemacht, die mich innerlich erschütterten, hatte das Gefühl reiner Freude erfahren. Zum ersten Mal aber machte ich eine vergleichbare Erfahrung im Zusammenhang mit Christus. Bis ins Innerste berührte mich seine liebende, lichtvolle Gegenwart. Diese Erfahrung habe ich seither mehrmals erneut gemacht. Während ich weiterhin Philosophie studierte, versuchte ich meinen Glauben zu vertiefen. Und so durfte ich mit zwanzig Jahren einem Dominikanermönch begegnen, Pater Marie Dominique Philippe, der an der Universität von Fribourg (Schweiz) mein Professor für griechische Philosophie war. Mehrere Jahre lang war er mein spiritueller Vater, und weil ich das Evangelium radikal ausleben wollte, engagierte ich mich sogar eine Zeitlang in einer jungen religiösen Gemeinschaft, die er begründet hatte. Dabei gab er mir nie irgendeinen anderen persönlichen Ratschlag als diesen: »Betet zum Heiligen Geist, damit er euch erleuchte.« So gewöhnte ich mir an, das Evangelium zu lesen und zu beten, statt der Meinung der Geistlichen zu folgen, und obwohl ich Christ bin, teile ich in bestimmten dogmatischen und ethischen Kernpunkten nicht die Meinung der Kirche; damit verunsichere ich regelmäßig konservative Katholiken, denen der Widerspruch erklärter Atheisten wie Michel Onfray noch lieber ist als der eines frei schwebenden Teilchens innerhalb des Christentums. Andererseits macht mein Bekenntnis zu Christus mich einigen Menschen verdächtig, die auf das Christentum allergisch sind oder für die der Glaube zwangsläufig die Fähigkeit zum freien Denken schmälert. Ich sagte es bereits, eine ernsthafte philosophische und spirituelle Suche entfernt uns von jeder bequemen Gewissheit, von jedem Clan. Einsamkeit und manchmal herbe Kritik sind der Preis, der für die Freiheit zu bezahlen ist, dafür, dass man der Stimme seines innersten Gewissens folgt und nicht einer noch so ehrbaren Tradition oder einer gerade herrschenden Mode.

8

DER ERWERB DER TUGENDEN

In den bisherigen Kapiteln habe ich dargestellt, wie entscheidend es ist, unser Urteilsvermögen zu entwickeln, stets auf der Suche nach der Wahrheit zu bleiben, und wie wichtig die Techniken der Selbsterkenntnis sind. Diese »Aufgaben«, wenn ich so sagen darf, sprechen alle überwiegend die Intelligenz an: Über Verstand und Vernunft können wir sie bewältigen. Die Vernunft brauchen wir, um zu erkennen und zu beurteilen, aber Kenntnis und Urteilsvermögen reichen nicht aus, um ein gutes und gerechtes Leben zu führen. Um ein »gutes Leben« zu führen, wie es die Philosophen der Antike verstanden, braucht es auch den Willen, ethische Tugenden zu erwerben.

Tugend, erklärt Aristoteles in seiner *Nikomachischen Ethik* – ein Buch, das jeder Abiturient gelesen haben sollte –, ist das genaue »Mittelmaß« zwischen den schädlichen Extremen. Tugenden, so erklärt er, gehören zu den »Eigenschaften«, die »durch Mangel oder Übermaß zugrunde zu gehen pflegen«; die »Mitte liegt aber zwischen zwei Schlechtigkeiten«. Zur Illustrierung folgen konkrete Beispiele: »Wer alles flieht und fürchtet und nichts aushält, der wird feige, wer aber vor gar nichts Angst hat, sondern auf alles losgeht, der wird tollkühn; und wer jede Lust auskostet und sich keiner enthält, wird zügellos, wer aber alle Lust meidet, wird stumpf wie ein Tölpel. So gehen also

Besonnenheit und Tapferkeit durch Übermaß und Mangel zugrunde, werden aber durch das Mittelmaß bewahrt.«[1] Tugend ist im Grunde das innere Gleichgewicht, auf dem wir ein willentlich rechtes Handeln aufbauen können; von Exzess und Askese halten wir uns dabei gleichermaßen fern, denn sie sind beide gleich schädlich.

Diese Behauptung bestätigt die Erfahrung Buddhas. Wie bereits erwähnt, flüchtete dieser aus dem Fürstenpalast seines Vaters und machte sich auf die Suche nach der Wahrheit. Dabei schließt er sich als Erstes den strengsten Asketen an, die nach Erlösung streben, indem sie sich die fürchterlichsten Kasteiungen auferlegen. An ihrer Seite gerät Buddha vor Entbehrung und Schmerz an den Rand des Todes, und er erlangt keinesfalls die Erlösung, sondern findet sich, so die Texte, in einem derartigen Zustand der Schwäche wieder, dass er nicht einmal mehr meditieren kann. Da beschließt er, diesen extremen Weg zu verlassen, dessen innere Leere er erkennt; er beginnt sich wieder maßvoll zu ernähren und legt sich keine Torturen mehr auf. Eines Nachts erfährt er das Erwachen. Und so beginnt seine erste Lehrrede, die er in Benares hält: »Folgende zwei Extreme, ihr Mönche, sollten von einem, der der Welt entsagt hat, nicht befolgt werden. Welche zwei? Da ist einerseits diese auf die Begierde gerichtete Hingabe an die Annehmlichkeit der Begierde: niedrig, grob, gemein, unedel und zwecklos – und andererseits diese Hingabe an Selbstpeinigung: leidvoll, unedel und zwecklos ... Diese beiden Extreme, ihr Mönche, hat der Vollendete vermieden, und es ist ihm der mittlere Weg vollständig aufgegangen; er macht sehend, verleiht Einsicht und führt zur Ruhe, zum höheren Wissen, zum Erwachen und zum Nirvana.«[2] Unaufhörlich wird er fortan das predigen, was man später den »mittleren Pfad« nennen wird, der allein uns aus dem Zyklus des *Samsara* befreien kann, um das Erwachen zu erreichen.

Ich selbst habe im Rahmen der religiösen Gemeinschaft, der ich mich angeschlossen hatte, zeitweise ein asketisches Leben geführt. Indem ich einen Teil meiner tiefen Bedürfnisse unterdrückte – Zärtlichkeit, Sinnlichkeit, das Bedürfnis, meine Tage nach meinem eigenen Rhythmus zu gestalten –, lebte ich unter ständiger Spannung, die sich schließlich auch auf mein spirituelles Leben negativ niederschlug. In anderen Lebensphasen habe ich ungehemmt allen Freuden gefrönt: glücklicher war ich da aber letztlich auch nicht. Durch eigene Erfahrung habe ich festgestellt, dass das wahre Glück im rechten Mittelmaß liegt. Irgendwo auf halbem Weg zwischen der Befriedigung der Begierden und ihrer vollständigen Beherrschung. Diese Feststellung gilt auf allen Ebenen. Ich liebe Schokolade, aber ich habe gelernt aufzuhören, bevor mir schlecht wird; und ich begnüge mich mit nur einem Glas gutem Wein, weil ich weiß, dass mein Körper das zweite nur schlecht verträgt.

Welches sind nun die Tugenden, die wir möglichst erwerben sollen? Für seine im 6. Jahrhundert vor unserer Zeit gegründete Schule, eine Art Kloster, wählte Pythagoras seine Schüler streng aus, um anschließend die Eigenschaften in ihnen herauszubilden, die einen griechischen Ehrenmann ausmachen sollten: Sparsamkeit, Tapferkeit, Mäßigung, Selbstbeherrschung. Aristoteles feilt die Beschreibung dieser Tugenden weiter aus und benennt vier, Klugheit, Mäßigung, Tapferkeit und Gerechtigkeit, die man später als Kardinaltugenden bezeichnete. Die Klugheit, griechisch *phrónesis*, bezeichnet die Fähigkeit, richtig zu beurteilen, was zu tun ist. Anders gesagt, dank dieser Tugend können wir die angemessenen Mittel finden, um unser Ziel zu erreichen. Laut Aristoteles haben wir es hier wie bei Weisheit und Intelligenz mit einer »verstandesmäßigen« Tugend zu tun. Sie »entsteht und wächst zum größeren Teil durch Belehrung; darum bedarf sie der Erfahrung und der Zeit«. Die Klugheit, so unterstreicht er, ist unter den Tugenden der Dreh- und Angelpunkt. Die drei anderen Grundtugenden, nämlich Mäßigung, Tapferkeit und Gerechtigkeit, hängen vom Willen ab; sie sind ein Produkt der Gewohnheit. »Hieraus ergibt sich auch, dass keine der ethischen Tugenden uns von Natur gegeben wird.«[3] Sie lassen sich erwerben und im Laufe des Lebens pflegen, aber sie sind unverzichtbar, weil das Glück, so unterstreicht Aristoteles nochmals, in der griechisch-römischen Philosophie nichts anderes ist als eine tugendhafte »Tätigkeit der Seele«.[4]

Die Verbindung zwischen Tugend und Glück findet sich nicht nur bei Aristoteles. Auf dasselbe Prinzip gründet sich auch die stoische Ethik. So erklärt der römische Philosoph Seneca zu Beginn des 1. Jahrhunderts, die Freude liege »im guten Gewissen, im sittlichen Denken, im rechten Handeln«,[5] und das unter der Aufsicht der Mäßigung. Nur wenn wir tugendhaft sind und die Weltordnung annehmen, die von vornherein unwiderruflich vorgegeben ist, können wir glücklich sein. Lasterhaftigkeit und Rebellion können für die Stoiker nur ins Unglück und ins Leid führen: »Glückselig ist also ein Leben, das mit seiner Natur im Einklang steht«[6] und mit der Natur der Dinge, so fasst Seneca es zusammen.

Im Orient legt Buddha gleichfalls Wert auf die Herausbildung der Tugenden. Die längste seiner Lehrreden, die

Singalaka Sutta oder *Ermahnung des Singala*, widmet sich der Moral der Laien. Buddha sieht, wie ein junger Mann, Singala, ein sonderbares, von seinem Vater übermitteltes religiöses Ritual durchführt, und lehrt ihn stattdessen die Regeln, die jedermann befolgen soll, um sich in diesem Leben zu bewähren. Er zählt die Laster auf, die auszumerzen sind, verrät, wie man sich gegenüber den Eltern, den Lehrern oder seinen Freunden verhalten soll, und nennt vor allem die vier Ursachen, die einen zu schlechten Handlungen treiben: Voreingenommenheit, Feindseligkeit, Dummheit und Angst. Hunderte Abhandlungen über die Tugenden und Laster wird die buddhistische Überlieferung hervorbringen und damit einen Weg ethischen Verhaltens abstecken. Die tibetische Schule etwa spricht von den vier Tugenden der Rede: nicht lügen, nicht mit Worten verletzen, keinen Streit anzetteln und nicht belanglos schwätzen.

Die christliche Ethik übernahm die vier Kardinaltugenden des Aristoteles und ergänzte sie durch die drei theologischen oder göttlichen Tugenden: Glaube, Liebe, Hoffnung. Paulus nennt sie in seinem ersten Brief an die Korinther und ergänzt: »Aber die Liebe ist die größte unter ihnen.«[7] Wie die ethischen Tugenden entwickeln sich diese Tugenden durch regelmäßige Praxis, allerdings reicht hier der menschliche Wille nicht aus: Nötig ist auch die Unterstützung durch die göttliche Gnade, damit sie in der Seele keimen und wachsen können.

Die philosophischen und spirituellen Schulen, aber auch die persönliche Erfahrung zeigen, dass die Tugenden einem Samenkorn gleichen, das in der Erde liegt und Wasser, Sonne und Pflege braucht – sonst wird es nie eine Pflanze und schon gar keinen Baum oder Früchte geben. Ausgangspunkt dafür ist, das scheint selbstverständlich, soll aber durchaus noch einmal in Erinnerung gerufen werden, dass zur Entwicklung der Tugendhaftigkeit erst einmal ein Verlangen danach gegeben sein muss. So sagt auch Moses Maimonides, der große jüdische Weise des 12. Jahrhunderts, jeder Mensch könne ein Gerechter sein oder ein Böser, ein Weiser oder ein Narr. Niemand zwinge ihn oder lege sein Verhalten im Voraus fest, niemand treibe ihn auf den Weg des Guten oder des Bösen. Er selbst mache sich von sich aus und in vollem Bewusstsein auf den Weg, den er wähle.[8] Es kann Leidenschaften geben, die wir nicht zügeln wollen, Begierden, die wir grenzenlos befriedigen möchten. Erst wenn wir merken, dass diese Leidenschaften uns unglücklich oder krank machen, beschließen wir, sie zu bändigen. Allerdings – und mir ist das schon häufig so gegangen – gibt es Phasen im Leben, in denen wir wissen, dass wir diese schlechte Angewohnheit ablegen oder jenes schädliche Verhalten verändern müssten, es aber trotzdem nicht tun. Wir haben keine Lust, tugendhaft zu sein. Beschließen wir jedoch, unsere Gewohnheiten zu ändern, so sollten wir uns auf den Weg der Tugend einlassen, denn wenn wir sie erst praktizieren, wird sie Wurzeln schlagen und zum *habitus* werden – so die lateinische Übersetzung des griechischen Wortes *héxis* –, zu einer stabilen Eigenschaft. Aristoteles formuliert sehr treffend: »Die Tugenden entstehen in uns also weder von Natur noch gegen die Natur. Wir sind vielmehr von Natur dazu gebildet, sie aufzunehmen, aber vollendet werden sie durch die Gewöhnung«; und er vergleicht die Tugenden mit einem Handwerk, für dessen Beherrschung Übung nötig ist. Als Beispiel führt er an: »Durch

Bauen werden wir Baumeister und durch Kitharaspielen Kitharöden. Ebenso werden wir gerecht, indem wir gerecht handeln, besonnen durch besonnenes, tapfer durch tapferes Handeln.«[9] Anders gesagt, Urteilsvermögen ist zwar wichtig, aber es genügt nicht: Wer weiter gehen will, braucht die willentliche Umsetzung – und Übung.

Ich hatte unseren Geist mit einem Muskel verglichen, der durch sportliches Training kräftiger wird; genauso verhält es sich mit dem ethischen Leben. Haben wir also keine Angst vor dem Scheitern. So, wie die innere Stille Übungssache ist, können wir auch in der Tugend nicht sofort zum Virtuosen werden. Dazu brauchen wir die Demut zu akzeptieren, dass auf manche Versuche Irrtümer folgen, und wir müssen unbedingt hartnäckig bleiben, denn der Weg der Tugend ist wie ein rutschiger Abhang: Wer jede Anstrengung aufgibt, fällt zurück. Wir sollten auch nicht aus den Augen verlieren, dass das Laster der Zwilling der Tugend ist; wie sie wird es erworben, vollendet sich durch die Praxis und richtet sich schließlich auf Dauer ein. Und genauso, wie eine einzige tugendhafte Tat noch nicht tugendhaft macht, sollten wir uns und anderen zugestehen, dass eine schlechte Tat noch nicht bedeutet, dass alles verloren ist und dass wir oder der andere in die Lasterhaftigkeit abgestürzt sind.

9

FREI WERDEN

Wir alle sind vernarrt in unsere Freiheit – aber wissen wir eigentlich die Autonomie, die wir besitzen und die für den Ausdruck unserer Individualität unabdingbar ist, richtig zu schätzen und zu nutzen? Bis in eine vergleichsweise junge Vergangenheit hinein war die individuelle Freiheit stark eingeschränkt – durch die Macht der sozialen und familiären Bande, durch das Gewicht der Traditionen und durch die Willkür der politischen Systeme. Heute haben wir im Westen das außerordentliche Glück, unsere eigenen Lebensentscheidungen treffen zu können. Wir können über unseren Beruf und unseren Wohnort bestimmen, können in eine andere Stadt oder ein anderes Land ziehen, können unseren Ehepartner wählen, können selbst bestimmen, ob wir eine Familie gründen oder keine Kinder bekommen möchten. Genauso dürfen wir in voller Gewissensfreiheit den Werten anhängen, die uns als Leitwerte für unser Leben die richtigen zu sein scheinen. Wir können uns für oder gegen eine Religionszugehörigkeit entscheiden, können diesen oder jenen spirituellen Weg gehen. Das scheint uns ganz selbstverständlich. Aber vergessen wir nicht, dass noch heute in vielen Ländern Religion und moralische Normen von den politischen und religiösen Obrigkeiten gemeinsam vorgegeben werden. Wer sie überschreitet oder sich im Namen der Glaubensfreiheit gar weigert, sie anzuerkennen, wird strafrechtlich belangt und muss womöglich mit der Todesstrafe rechnen. Unsere Glaubensfreiheit ist eine grundlegende Errungenschaft der Moderne, ein Erbe der Aufklärung, die im Europa des 18. Jahrhunderts die Allmacht der Kirche und ihren Bund mit der politischen Macht in ihren Grundfesten erschütterte.

Aber so wichtig sie auch sein mag, die Entscheidungs- und Gewissensfreiheit allein reicht nicht aus, um uns vollständig frei zu machen. Denn es gibt da noch eine andere Form der Entfremdung: die innere Knechtschaft. Damit meine ich unsere Unterwerfung, unsere Kapitulation vor unseren Leidenschaften, unseren bewussten oder unbewussten Wünschen, vor unseren verdrängten inneren Bindungen. Diese Preisgabe macht uns zu unseren eigenen Gefangenen. Nehmen wir uns die Zeit, uns zu beobachten. Nur wenige von uns werden ganz ehrlich behaupten können, dass sie es geschafft haben, ihre innere Freiheit voll und ganz zu erlangen. Wir stehen alle unter dem Einfluss von Vorurteilen, Bedürfnissen, Wünschen oder Abneigungen, die manchmal so heftig sind, dass sie in den Raum unserer Freiheit vordringen. Wir alle haben, in unterschiedlichem Ausmaß, schlechte Gewohnheiten, denen wir uns unterworfen haben und die uns daran hindern, ganz wir selbst zu sein und eine unverkrampfte Beziehung zu anderen zu pflegen. Diese inneren Fesseln sind genauso starke Ketten wie die, mit denen totalitäre Regimes ihre Gegner körperlich zu Gefangenen machen.

Wie ich in einer früheren Veröffentlichung gezeigt habe, steht der Begriff der inneren Freiheit im Mittelpunkt der Lehre Buddhas, Sokrates' und Jesu.[1] Diese drei Lehrmeister wollen den Einzelnen aus den Fesseln der Gruppe und von der Last der Tradition befreien, aber nicht einfach, um ihn politisch autonom zu machen, sondern damit er den Weg der inneren Befreiung gehen kann. In den Augen Buddhas ist wahre Freiheit die, die jeder Mensch erwerben muss, indem er seine Leidenschaften, seine Begierden und Gelüste bekämpft, denn sie sind im Grunde die Ketten, die ihn ans Rad des *Samsara* fesseln. Seine gesamte Lehre beruht auf den vier Wahrheiten über das Anhaften und das Begehren, die den Einzelnen an das teuflische Rad der Wiedergeburten fesseln. Für Sokrates ist die Unwissenheit der Quell allen Übels: Irrtum, Ungerechtigkeit, Boshaftigkeit, ein regelloses Leben – alles, was anderen schadet, vor allem aber einem selbst. Aus Unwissenheit also schaffen die Menschen sich ihr eigenes Unglück. Und durch die Kenntnis seiner selbst und der wahren Natur der Dinge wird der Mensch sich vom Laster und vom Unglück befreien. Wer die Erkenntnis des Wahren, Gerechten und Guten erlangt hat, kann nicht anders, als gut und tugendhaft zu werden.

Die Botschaft Jesu steht im Einklang mit der des Sokrates und Buddhas: »Wenn ihr bleiben werdet an meinem Wort, so seid ihr wahrhaftig meine Jünger und werdet die Wahrheit erkennen, und die Wahrheit wird euch frei machen«, verspricht er denen, die an ihn glauben. Und weiter heißt es: »Wer Sünde tut, der ist der Sünde Knecht.«[2] Nach zweitausend Jahren Christentum ist das Wort »Sünde« derart emotional aufgeladen, dass es schwierig ist, unbeschwert herauszuhören, was es aus dem Munde Jesu bedeutet. Die christliche Tradition hat im Lauf der Jahrhunderte ein Sündenregister aufgestellt, darunter die berühmten sieben Todsünden, die geradewegs in die Hölle führen: Trägheit, Hochmut, Völlerei, Wollust, Geiz, Zorn und Neid. Das

Wort »Sünde« ist eine Übersetzung des lateinischen Wortes *peccatum*, »Vergehen«. Das lateinische Wort wiederum ist die Übersetzung des Wortes *hamartía* aus der griechischen Bibel, das »Fehler« oder »Irrtum« bedeutet und selbst wieder eine Transkription des hebräischen Wortes *hatta't* ist – die treffendste Übersetzung dafür wäre der Ausdruck »das Ziel verfehlen«. Sündigen bedeutet also, auf ein falsches Ziel zu setzen, sein Verlangen falsch auszurichten oder das eigentlich angestrebte Ziel nicht zu erreichen. Handelt man schlecht, so befindet man sich im Irrtum und ist von der Wahrheit getrennt, also von Gott. Gewiss, die berühmten sieben Todsünden gehören zu den Irrwegen, die einen von Gott entfernen können. Doch Jesus richtet sich nicht gegen das jüdische Gesetz an sich, verleiht ihm aber Tiefe und Widerhall im Persönlichen, Innerlichen. Er ist nicht gekommen, um neue Gesetze aufzustellen oder eine Sündenliste festzulegen, sondern um zu zeigen, dass die wahre Messlatte für die Sünde die Liebe ist; dass man nicht aus Angst vor der Hölle von der Verfehlung lassen soll, sondern aus Furcht, sein eigenes Unglück und das seiner Nächsten zu verschulden, indem man sich von der Wahrheit entfernt. Im Grunde soll man die Sünde aus Liebe und Einsicht meiden. Ist die Seele erst lange gereist, hat sie gefehlt und sich wieder aufgerichtet, so lässt sie sich von der Sünde nicht einmal mehr verlocken, denn sie hat sie als schädlich erkannt. Findet der Mensch erst wieder Zugang zu Liebe und Wahrheit, so lässt er von der Entfremdung: Er bindet sich wieder an seine Wurzel, er ist nicht mehr losgelöst, in sich selbst verschlossen, in Irrtum oder Eigennutz.

Buddha, Sokrates und Jesus stimmen also in der Behauptung überein, dass der Mensch nicht frei geboren wird, sondern dass er frei wird, indem er sich aus der Unwissenheit befreit, indem er lernt, Wahr und Falsch zu unterscheiden, Gut und Böse, Gerecht und Ungerecht; indem er lernt, sich zu erkennen, sich zu beherrschen, in Weisheit und aus Mitgefühl zu handeln.

Die Frage nach der Freiheit impliziert zugleich die Frage nach der Freiheit der Entscheidung. Wir leben heute in Gesellschaften, die uns eine riesige Auswahl an Möglichkeiten bieten. Paradoxerweise kann sich aber diese große Wahlfreiheit auch perfide gegen uns wenden: Die Unfähigkeit, sich zu entscheiden, gibt die Freiheit preis, und die Unzahl von Entscheidungen, die zu treffen sind, erdrücken den Einzelnen. Vor gar nicht so langer Zeit bedingte noch die Geburt das individuelle Schicksal: Man erbte den Beruf seines Vaters und passte sich der Lebensweise seiner Gesellschaftsschicht an. Heute kann man seinen Beruf und seinen Wohnort selbst wählen, sogar sein Geschlecht kann man durch einen chirurgischen Eingriff umwandeln. Die Zwänge der Vergangenheit förderten vielleicht nicht gerade die individuelle Entfaltung, aber sie hatten den Vorteil, Stabilität zu geben. Sie boten dem Einzelnen Verwurzelung und feste Maßstäbe. Das Spektrum der Möglichkeiten, das sich uns heute zu jedem Zeitpunkt unseres Lebens bietet, kann hingegen zur Bedrängnis werden. Manchmal sind wir vielleicht versucht, alles mitzumachen, ja nichts auszulassen: Wer aber alles schaffen will, schafft gar nichts, außer dass er ständig erschöpft ist und darunter leidet, dass er seine Erwartungen nicht erfüllen kann.

Der Überfluss an Möglichkeiten kann noch eine andere Gefahr bergen: sich von der Last der ständig anstehenden

Entscheidungen erdrücken zu lassen und sich in der Depression einzukapseln. Viele junge Menschen sehen sich heute vor einem Dilemma: Sie möchten sich selbst verwirklichen und entfalten – so lautet ja schließlich die Losung der modernen Welt –, gleichzeitig aber wissen sie einfach nicht, was gut für sie ist, wie sie ihren Weg finden, wie sie die richtigen Entscheidungen treffen sollen. Auch bringen sie nicht die Selbstdisziplin und die nötige Charakterstärke auf, um sich auf beglückenden, aber schwierigen Wegen zu bewähren. Sie wollen alles und erreichen nichts oder nichts Besonderes. Damit vergeht manchen jede Lust, andere verfallen den Drogen und dem Alkohol, sie »hängen ab«, leben vor sich hin, machen ein bisschen Musik oder Informatik und verfolgen nie ein wirkliches Ziel, das ihnen Hartnäckigkeit abverlangen würde. Sie sind buchstäblich deprimiert, niedergedrückt.

Der Philosoph und Historiker Alain Ehrenberg hat überzeugend dargelegt, dass in den westlichen Gesellschaften zur Zeit Freuds und bis Ende der 1960er Jahre die Neurose, also der psychische Konflikt zwischen unseren Wünschen und den moralischen Tabus, die vorherrschende Krankheit war; ganz anders ist das aber seit 1968 und der gesellschaftlichen Revolution. Der Einzelne leidet heute nicht mehr an zu vielen Verboten, sondern an zu vielen Möglichkeiten, an zu hohen Erwartungen im Hinblick auf Leistung und Autonomie. Heute stellt diese Form der Depression, die immer mehr Jugendliche und junge Erwachsene betrifft, eines der Symptome der Unfähigkeit dar, sich selbst zu verwirklichen, man selbst zu sein.[3]

10

SELBSTLIEBE UND INNERE HEILUNG

In den bisherigen Kapiteln habe ich dargelegt, wie wichtig Erkenntnis und insbesondere die Selbsterkenntnis ist, um Zugang zu Wahrheit und Glück zu finden. Diesen Weg können wir uns nicht ersparen, denn nur er garantiert uns innere Freiheit. Dennoch: Selbst wer diesen unumgänglichen Weg geht, wird nicht automatisch glücklich und ganz und gar menschlich werden. Dazu muss noch ein anderes Element treten, eine Dimension, die genauso grundlegend ist wie der auf Erkenntnis und Wahrheit gerichtete Intellekt: nämlich die Liebe. Zu lieben und geliebt zu werden, eine emotionale Bindung an die Mitmenschen zu haben. Denn so wie wir ersticken, wenn wir nicht frei sind, trocknen wir aus, wenn wir keinen liebevollen Austausch erleben. Freiheit und Liebe sind, das ist meine Überzeugung, die zwei Grundvoraussetzungen für Selbstverwirklichung und Entfaltung eines jeden von uns.

Wenn wir das Wort »Liebe« hören, denken wir sofort an den anderen: Man liebt seine Kinder, seine Eltern, seine Freunde, seinen Partner. Über Jahrhunderte, ja Jahrtausende hinweg hat uns spirituelle und philosophische Belehrung in diesem Sinn geformt; im Vordergrund standen dabei Themen wie Opferbereitschaft, Barmherzigkeit, Mitleid, Hilfsbereitschaft. Das hat letztlich dazu geführt, dass eine ganz wesentliche Dimension dabei aus dem Blick geriet: nämlich das Fundament der Liebe, die Liebe zu sich selbst. Dabei ist dieser Begriff unserem kulturellen Erbe alles andere als fremd. Schon Pythagoras, einer der ersten Philosophen im antiken Griechenland, empfahl als goldene Regel, das eigene Gewissen zum Maßstab zu nehmen.[1] Ein paar hundert Jahre später widmet Aristoteles in seiner *Nikomachischen Ethik* zwei von zehn Kapiteln dem Thema Freundschaft, dem »Notwendigsten im Leben«,[2] wie es in den einleitenden Worten heißt. Und nach einer Analyse der verschiedenen Formen der Freundschaft, ihrer Grundlagen und ihrer Wohltaten, erklärt er, der beste Freund sei der, der uns ganz uneigennützig Gutes wünscht, allein aus Liebe: »Dies trifft aber am meisten im Verhältnis des Einzelnen zu sich selbst zu.« Weiter heißt es, »dass aus dem Verhalten zu sich selbst die ganze Freundschaft auch zu den anderen übergeht.« Was zu der Schlussfolgerung führt: »Also soll der Tugendhafte eigenliebend sein.«[3] Das ist keinesfalls eine Aufforderung zum Egoismus, sondern ganz im Gegenteil Ausgangspunkt für eine wahre Öffnung anderen gegenüber. Dreihundert Jahre später wird der römische Philosoph Cicero diesen Gedanken so verdeutlichen: »Jeder liebt sich nämlich selber – nicht um irgendwelchen Lohn von sich zu fordern für seine Liebe, sondern weil ein jeder sich von sich aus teuer ist. Wenn man dies nicht auch auf die Freundschaft überträgt, wird man nie einen wahren Freund finden, denn das ist nur der, der gleichsam unser anderes Ich ist.«[4]

Dieser Vorstellung begegnet man bei Montaigne wieder und seinen Worten von der »Liebe, die jeder sich selber schuldet«[5] und ohne die niemand das Leben und die anderen lieben kann. Und anders, als man meinen könnte, findet sich diese Überlegung keineswegs nur in der Philosophie. Die Eigenliebe als Grundlage der Beziehungen zum Nächsten ist auch eine biblische Forderung: »Du sollst den Fremdling lieben wie dich selbst«,[6] befiehlt Gott dem Mose, und Jesus wird diese Aufforderung wörtlich wiederholen: »Du sollst deinen Nächsten lieben wie dich selbst.«[7] Wir alle kennen diesen Satz, aber häufig hören wir ihn nur zur Hälfte: »Liebe deinen Nächsten.« Wirklich aufschlussreich ist aber erst das Ganze: Man soll seinen Nächsten so lieben, wie man sich selbst liebt. Anders gesagt, wer sich selbst nicht liebt, kann auch den Nächsten nicht lieben.

Die moderne Psychologie wird diese Wahrheit ihrerseits bestätigen: Um in rechter Weise mit den anderen verbunden zu sein, muss man zunächst die rechte Bindung zu sich selbst haben; wie unser Verhältnis zu den anderen aussieht, hängt eng damit zusammen, welches Verhältnis wir zu uns selbst haben. Ist das Verhältnis zu uns selbst ein gebrochenes, so projizieren wir zwangsläufig unsere eigenen ungelösten Probleme auf die anderen. Wer zum Beispiel im anderen regelmäßig den Neider sieht, weigert sich sehr häufig zuzugeben, welches Quantum Frustration tief in ihm selbst steckt und dass er sich dessen gar nicht bewusst ist. Hass und Verachtung entstammen sehr häufig einem Hass auf sich selbst. Ohne Selbstwertgefühl kann man die anderen nicht hoch schätzen; ohne Achtung vor sich selbst kann man die anderen nicht respektieren. Ohne Liebe zu sich selbst kann man die anderen nicht lieben. Eine Beziehung zu sich selbst aufzubauen, ist also Voraussetzung dafür, eine Beziehung zum anderen aufzubauen.

Wie lernt man nun sich selbst zu lieben? Zunächst durch die Liebe, die man von frühester Kindheit an erfährt. Diese »ausreichend gute« Liebe – um einen Begriff des Psychoanalytikers Donald Woods Winnicott aufzugreifen – gibt uns auf einer bewussten wie einer unbewussten Ebene zu verstehen, dass wir in der Tat würdig sind, geliebt zu werden. Sie spiegelt uns ein positives Bild von uns selbst, bringt uns bei, Selbstachtung zu haben, ein gutes Verhältnis zu diesem »Ich« zu entwickeln, von dem der andere uns sagt, dass es liebenswert ist. Umgekehrt zieht schlechte oder ganz fehlende, aber auch zu starke, weil besitzergreifende oder zweideutige Liebe affektive Störungen nach sich, eine Unausgewogenheit in der Beziehung zu sich selbst und damit auch zu anderen. Glücklicherweise ist in diesem Bereich aber nichts unumkehrbar. Eine »Unliebe«, ein affektiver Mangel in der frühen Kindheit – so schwer er auch zu ertragen sein mag –, lässt sich durch andere positive Lebenserfahrungen immer korrigieren. Freunde oder ein liebender Partner können uns helfen, zu unserem Gleichgewicht zurückzufinden und zu überwinden, was ein Trauma hätte werden können. Nur selten freilich lassen sich gravierende affektive Lücken, die zu einer sogenannten »narzisstischen Persönlichkeitsstörung« geführt haben, also einem negativen Selbstbild, ohne geeignete Therapie wirklich heilen. Das Opfer einer narzisstischen Persönlichkeitsstörung ist sich dessen sehr häufig nicht bewusst und geht spontan auf Menschen zu, die den Verursachern seines eigenen Leids ähneln und seinen Schmerz nur neu beleben. Es ergibt sich ein »Wiederholungsmechanismus«, den die Psychoanalyse sehr gut beschrieben hat, ein regelrechter Teufelskreis, aus dem man nur ausbrechen kann, wenn man sich der Störung und ihrer Ursache bewusst wird. Hier ist die Hilfe eines Therapeuten entscheidend, denn es ist sehr schwierig, diese häufig schmerzhafte Bewusstmachung allein vorzunehmen. Und auch dann ist noch nicht alles gelöst. Denn so nötig sie ist, aber zur Heilung reicht die Bewusstwerdung noch nicht aus. Genau da liegen übrigens meines Erachtens die Grenzen der Psychoanalyse: Sie hilft uns, uns zu durchschauen und auf Distanz zu unseren Emotionen zu gehen, aber Heilung verschafft sie uns nicht immer, denn wenn wir uns einmal unseres Handicaps bewusst sind, müssen wir doch erst noch zum Selbstwertgefühl finden. Das kann mithilfe bestimmter Verhaltenstherapien geschehen, etwa der Hypnose nach Milton Erickson, einem amerikanischen Psychiater, der in der ersten Hälfte des 20. Jahrhunderts zur Behandlung seiner Patienten Techniken der Hypnose und der Selbsthypnose entwickelte; dabei lernen sie ihre eigenen inneren Ressourcen kennen und können ihre Versagensängste überwinden, die aus einem fehlenden Selbstwertgefühl herrühren. Das Gleiche gilt für die Sophrologie oder andere Kurztherapien, die darauf abzielen, das Selbstwertgefühl über positives Denken zu stärken. Solche Therapien können sehr hilfreich sein; eine narzisstische Persönlichkeitsstörung aber lässt sich im Grunde häufig doch nur durch Liebe heilen; über eine »ausreichend gute« Beziehung lernt man, sich selbst zu lieben. Doch noch einmal: Sehr häufig muss man therapeutisch gearbeitet haben, bevor man in der Lage ist, konstruktive emotionale Beziehungen aufzubauen, und dazu gehört als Erstes, dass wir den Panzer ablegen müssen, in den wir als Kind geschlüpft sind, um den Schmerz der »Unliebe« ertragen zu können.

Mir fällt es nicht schwer, über dieses Thema zu sprechen, weil ich selbst einen langen therapeutischen Weg gegangen bin, um meine tiefen inneren Wunden zu heilen. Ich hatte große Mühe zu lernen, mich selbst zu lieben. Als Jugendlicher und junger Erwachsener nagten an mir große Selbstzweifel. Jahrelang war mein emotionales Leben dadurch aus dem Lot. Zugleich habe ich lange gebraucht, bis ich beruflich meinen Weg gefunden hatte und mich selbst verwirklichen konnte. Nach einer Ehe (und einer Scheidung) sowie einer langen Phase, in der ich unbewusst ein neurotisches Szenarium reproduzierte, machte ich mir meine Schwächen durch eine Psychoanalyse und durch psycho-korporelle Therapien bewusst, und sie haben mir geholfen, Körper und Geist von kontraproduktiven negativen Emotionen zu befreien. In diesem therapeutischen Rahmen machte ich die wesentliche Erfahrung einer »Zuneigung zu mir selbst«. Ich habe mich selbst in den Arm genommen, ich habe mir die Zärtlichkeit gegeben, die mir als Kind gefehlt hat, diese Eigenliebe, die ich mir bisher versagt hatte und die ich in einer Flucht nach außen anderen zukommen lassen wollte, zum Beispiel den hoffnungslosen Leprakranken, die ich mehrere Monate lang in Indien gepflegt habe. Nach und nach veränderte sich mein soziales, emotionales und professionelles Leben. Manche lästige Symptome weise ich noch immer auf, aber ich habe gelernt, mich zu lieben und mit meiner Schwäche zu leben. So wie Montaigne kann ich heute behaupten, das Leben zu lieben, und wenn ich eine Bilanz meiner mehr als 50 Lebensjahre ziehe, kann ich sagen, dass ich nichts bereue, denn meine Schwächen waren zugleich auch ein Sprungbrett, um zu suchen, weiterzugehen, mich zu verändern, schlauer zu werden, lieben zu lernen.

Der Psychiater Boris Cyrulnik hat auf diesen Prozess der »Resilienz« aufmerksam gemacht, durch den ein Mensch seine Traumata überwinden und manchmal sogar bestimmte positive Eigenschaften dank seiner Wunden entwickeln kann. Eines der Beispiele, das mich am stärksten beeindruckt, ist das des Abbé Pierre. In seinen letzten zwanzig Lebensjahren stand ich ihm sehr nahe, insbesondere da ich ihn beim Verfassen von drei Büchern unterstützte. Henri Grouès (so sein bürgerlicher Name) war als Kind von der Gefühlskälte seiner Mutter sehr verletzt worden, die ihre Zuneigung nicht auszudrücken verstand. Das machte ihm sehr zu schaffen, und so suchte er ständig Liebe und Anerkennung bei anderen. Ich war schon immer der Überzeugung, dass seine Berufung, den Ärmsten zu helfen, sein Streben nach Heiligkeit, die Selbsthingabe bis zur völligen Selbstvergessenheit, zu einem Gutteil auf diese narzisstische Störung zurückgingen. Bis zu seinem Tod wies er übrigens zwei auffällige Symptome dieses Bedürfnisses nach Liebe und Anerkennung auf: seine grenzenlose Begeisterung für die Medien und sein Bedürfnis, den Frauen zu gefallen und ihre Zuneigung zu erwerben. Das war ihm vollständig bewusst, und das idealisierte Bild, das in der Öffentlichkeit von ihm gezeichnet wurde, belastete ihn genauso, wie es ihm schmeichelte. Deshalb wollte er kurz vor seinem Tod ein öffentliches Bekenntnis über den Bruch seines Keuschheitsgelübdes ablegen.[8] Er musste gestehen, was ihn innerlich quälte, und musste es allen sagen: Ich bin kein Übermensch, ich habe mein Leben lang diesen emotionalen Riss mit mir herumgetragen, und er war sogar ein Antrieb in meinem Leben. Die Reaktionen mancher Kirchenmänner verstörten den Abbé Pierre übrigens zutiefst, denn sie verrieten, dass sie seinen Schritt kein bisschen begriffen hatten: Kardinal Lustiger erklärte, er habe den Verstand verloren, Erzbischof Hippolyte Simon verglich ihn mit einem senilen Greis, der sich von einem käuflichen Freund (also mir) habe manipulieren lassen, und Kardinal André Vingt-Trois, Vorsitzender der französischen Bischofskonferenz, wollte das Bekenntnisbuch gar nicht erst lesen, »um ihn in guter Erinnerung zu behalten«. All diese Reaktionen zeugen davon, wie schwer es vielen Kirchenvertretern noch immer fällt, sich mit der Frage nach der Sexualität der kirchlichen Amtsträger wahrhaftig auseinanderzusetzen, und auch, wie unangenehm ihnen ein solches öffentliches Bekenntnis ist. Doch gerade weil Abbé Pierre eine öffentliche Figur war, hatte er vor seinem Tod das Bedürfnis, allen zu sagen, dass das Bild, das man sich von ihm machte, teilweise falsch war. Dass der Mensch, der hinter dem Mythos lebte, verletzlich und verwundet war. Dass er so sehr geliebt hat, weil er so viel Liebe brauchte. Und dass er heute für das geliebt werden möchte, was er ist, und nicht für seine Legende. Wenn das keine Lektion über Menschlichkeit ist! Wie sehr vermissen wir unseren Abbé Pierre!

11

DIE GOLDENE REGEL

Die Achtung vor sich selbst, das haben wir gerade gesehen, ist das Vorspiel für den Respekt vor dem anderen. Diese Wahrheit bildet das Fundament für das, was als »Goldene Regel« bekannt ist: »Behandle andere nicht so, wie du selbst nicht behandelt werden möchtest.« In allen menschlichen Gesellschaften lautet so ein wesentlicher Grundsatz des moralischen Lebens, eine Art Naturgesetz, älter als alle philosophischen und religiösen Gebote, die im Laufe der Jahrhunderte erarbeitet wurden. Schon für Kinder ist die Goldene Regel leicht zu begreifen, und ohne dass wir uns dessen immer bewusst sind, spielt sie eine wichtige Rolle in unseren Erziehungsmethoden. Wir wenden sie an, indem wir einem Kind nicht sagen: »Zieh deine Schwester nicht an den Haaren!«, sondern die Situation umkehren: »Möchtest du etwa, dass deine Schwester dich an den Haaren zieht? Nein? Also, dann tu es auch selbst nicht!«

Die Goldene Regel existiert in allen mündlichen Überlieferungen und in allen Schriftkulturen: Sie bildet den universalen Grundsockel der Ethik. In der Bibel steht sie an erster Stelle der Ratschläge, mit denen Tobias seinen Sohn überhäuft, der sich von Ninive aus auf eine lange, gefährliche Reise macht, um einen bitter nötigen Schuldschein einzulösen – und die durch die Lutherbibel zum Sprichwort wurde: »Was du nicht willst, dass man dir tu, das füg auch keinem andern zu.«[1] Der jüdische Weise Hillel betont zu Beginn des 1. Jahrhunderts: »Was dir verhasst ist, das tue deinem Genossen nicht an! Das ist die Weisung ganz und gar, das andere ist ihre Auslegung.«[2] Auch bei den Griechen und Römern finden wir die Goldene Regel, allerdings mit einer Einschränkung: Sklaven und »Barbaren« sind ausgeschlossen, alle also, die nicht als wahrhaft menschlich gelten. Aristoteles etwa rät, sich mit seinen Freunden »gerade so« zu verhalten, »wie wir wünschen, dass sie sich gegen uns verhalten«.[3] Zu dieser Zeit etwa erfährt auch Nikokles, König des Stadtstaates Salamis auf Zypern, an den sich zwei bis heute erhaltene Reden des Isokrates richten: »Tut anderen Menschen nicht an, worüber ihr empört wäret, wenn ihr es selbst erfahren müsstet.«[4] Und Seneca, der römische Philosoph und Erzieher des Nero, gibt die Regel an die Patrizier weiter, indem er ihnen rät, dem Volk Wohltaten zukommen zu lassen: »Geben wir immer so, wie wir selbst empfangen möchten.«[5]

Als Jesus die Goldene Regel aufgreift, verleiht er ihr universale Gültigkeit, die keinerlei Ausnahme duldet: Sie gilt nicht mehr nur für die Mitglieder einer Kaste, einer Stadt oder eines Volkes, sondern sie bestimmt die Beziehungen unter allen Menschen über die Grenzen von Sprachen, Völkern, Geschlechtern und sozialer Stellung hinweg. In der Bergpredigt, einer grundlegenden Rede zur Ethik, stellt er sie wie später der Rabbi Hillel als Quintessenz allen Tuns dar: »Alles nun, was ihr wollt, dass euch die Leute tun sollen, das tut ihnen auch! Das ist das Gesetz und die Propheten.«[6] Und diese Regel exerziert er an einer ganzen Reihe von Forderungen durch, wodurch er ihre ethische Tragweite radikal erweitert: »Richtet nicht, damit ihr nicht gerichtet werdet«; »und mit welchem Maß ihr messt, wird euch zugemessen werden.«[7] Auch im Islam existiert die Goldene Regel. Zitiert sei hier nur dieser *Hadit* des Mohammed, der in mehreren übereinstimmenden Quellen überliefert wird: »Keiner von euch ist gläubig, bis er für seinen Bruder wünscht, was er für sich selbst wünscht.«[8]

Auch im gesamten Orient ist die Goldene Regel präsent. Der chinesische Weise Konfuzius, der um 500 vor unserer Zeit gelebt hat, überliefert sie etwa in seinen *Gesprächen*, die den Hauptteil seiner Lehre enthalten: »Was du selbst nicht wünschest, tu nicht an andern.«[9] Etwa zeitgleich, diesmal aber in Indien, formuliert Buddha so: »Verletz' drum keinen – du liebst auch dein Selbst!«[10] Auch bei den Jainisten, indischen Anhängern der absoluten Gewaltfreiheit, gilt: »Gleichgültig gegenüber weltlichen Dingen sollte der Mensch wandeln und alle Geschöpfe in der Welt behandeln, wie er selbst behandelt sein möchte.«[11] Im indischen Epos *Mahabharata* findet sie sich an mehreren Stellen: »Man soll sich nicht auf eine Weise gegen andere betragen, die einem selbst zuwider ist. Dies ist der Kern aller Moral. Alles andere entspringt selbstsüchtiger Begierde.«[12]

Wie gesagt ist diese Regel ganz unmittelbar einsichtig, sogar für ganz kleine Kinder, und man braucht sie gar nicht mit vernünftiger Überlegung oder göttlicher Offenbarung zu rechtfertigen. Ihre Bedeutung liegt auf der Hand, wir alle verstehen sie ganz spontan, und eben deshalb ist sie so universal und bildet die natürliche Grundlage für jede Beziehung zum Nächsten, für jedes gesellschaftliche Leben, für jedes kollektive Gesetz. Wer die Goldene Regel anwendet, versetzt sich in den anderen hinein, der dieselben Wünsche und Abneigungen hat wie man selbst. Das geschieht schon in den elementarsten sozialen Alltagsbeziehungen. Wir hassen es, in der U-Bahn angerempelt zu werden? Dann müssen wir auch aufhören, andere Passagiere anzurempeln, wenn sie uns mit ihrem Koffer oder Kinderwagen im Weg stehen. Wir wollen nicht belogen werden? Dann lügen auch wir nicht! Wir können es nicht ertragen, wenn jemand sich in einer Warteschlange vordrängelt – dann tun auch wir das den anderen nicht an, selbst dann nicht, wenn wir in Eile sind. Es ist kinderleicht, aber es zu tun oder nicht zu tun, verändert von Grund auf das Zusammenleben in der Familie oder in der Gesellschaft.

Die Goldene Regel kann man negativ formulieren – so geschieht es meistens –, aber auch positiv: »Behandle andere so, wie du behandelt werden willst.« Diese Aussage ist konstruktiver, sie ermahnt uns nicht einfach, Dinge nicht zu tun, sondern fordert uns zum Handeln auf. Es genügt nicht, aufs Töten zu verzichten oder darauf, andere zu verletzen oder zu bestehlen. Und es fängt mit ganz kleinen Dingen an: Mögen wir es, wenn man uns anlächelt? Dann lächeln wir doch einfach, statt mürrisch vor uns hinzustarren. Geben wir den anderen, was wir gerne von ihnen bekommen möchten: Aufmerksamkeit, ein offenes Ohr oder ein tröstendes Wort, materielle Hilfe in einer schwierigen Lage. Wenn wir so handeln, spüren wir manchmal einen kleinen Freudenglanz. Und umgekehrt, wenn wir jemandem etwas antun, was wir selbst nicht erleiden möchten, bereuen wir es oft und werden traurig. Man könnte sagen, da spricht die Stimme unseres Gewissens. Ein Kind von fünf Jahren oder ein Philosoph von neunzig würde auf die gleiche Weise empfinden. Das ist die erstaunliche Macht der Goldenen Regel.

12

LIEBE UND FREUNDSCHAFT

Die Goldene Regel ist eine unverzichtbare Grundlage für das gesellschaftliche Zusammenleben. Sie fordert Respekt und Höflichkeit ein, zwei Werte, ohne die ein Leben in Gemeinschaft unmöglich ist. Was aber das innere Leben eines Individuums angeht, kann sich der Einzelne mit dieser sozialen Tugend nicht zufriedengeben. Mit ihr allein werden wir nicht glücklich, denn wir sehnen uns nach Beziehungen zu anderen Menschen, die nicht nur auf Respekt und Wohlwollen gründen, sondern auf Liebe und Freundschaft, beides Gefühle, die im Innersten unseres Seins entstehen. Auf ihrer Grundlage gehen wir Beziehungen bewusst ein, und zugleich nähren sie unsere Seele, befrieden unseren Körper und erfreuen unser Herz.

»Nicht den Nächsten lehre ich euch, sondern den Freund«, schreibt Nietzsche im *Zarathustra.*[1] Viele spirituelle und religiöse Lehrtraditionen sehen die Liebe als ein Gefühl, das wir bedingungslos allen Wesen schulden, und nicht eine individuelle Zuneigung zu einem ganz bestimmten Menschen. Wirkliche Freundschaft zwischen zwei Menschen aber ist eine persönliche Bindung: nicht etwa zwischen Unbekannten, an einen beliebigen »Nächsten«, sondern an den Freund, den man sich aussucht und der uns auswählt. Aristoteles ist einer der Denker, der sich am eingehendsten mit dem befasst hat, was er »vollkommene Freundschaft« nennt, die Freundschaft also, die Zeit braucht, Stabilität, gemeinsame Gewohnheiten und Leidenschaften, geteilte Freuden, und er hält sie für unverzichtbar, damit ein Mensch »glückselig« werden kann.[2] Die Liebe in Form der Freundschaft, griechisch *philía,* so schreibt er in seiner *Nikomachischen Ethik,* gehört »zum Notwendigsten im Leben. Denn keiner möchte ohne Freunde leben, auch wenn er alle übrigen Güter besäße.«[3] Von solchen Freunden, so Aristoteles weiter, kann man nie sehr viele haben, denn jeder fordert einen wirklichen Einsatz. Demnach gilt für die Freundschaft das rechte Maß: »nicht auf eine Überzahl an Freunden bedacht zu sein, sondern nur auf so viele, als für das Zusammenleben hinreichen.«[4] Der wahre Freund ist weder der, den man hin und wieder bei einer Einladung trifft, noch ein Bekannter unter anderen, mit dem man gelegentlich etwas Zeit verbringt, ein einfacher »Kumpel«. Auf die Frage »Was ist ein Freund?« antwortete Aristoteles: »Eine Seele, die in zwei Leibern wohnt«[5], so berichtet Diogenes Laertios. Dieser Freundschaftsbegriff beeinflusste die griechisch-römische Philosophie, und im ersten Jahrhundert vor unserer Zeit finden wir ihn bei Cicero wieder, für den »der Freundschaft Wesen darin liegt, dass *ein* Herz gleichsam aus mehreren wird«.[6] Zwischen Freunden besteht also eine Art »Seelenverwandtschaft«, würden wir heute sagen; mit einem Freund verstehen wir uns sofort und unmittelbar, seine Gegenwart tut uns gut, und wir haben gemeinsame Pläne, die unserer Beziehung Nahrung geben und ihr helfen zu wachsen. Mit Plänen meine ich gemeinsame Unternehmungen, Erlebnisse, an denen beide intensiv teilhaben. Das kann ein Hobby sein: Kino, Musik, ein Sport, Literatur oder Philosophie; oder sogar die Gründung eines gemeinsamen Hausstands – auf die Freundschaft als notwendige Grundlage der ehelichen Liebe komme ich gleich noch zu sprechen. Diesen Freund sucht man sich aus, sodass »man gemeinsam in gleicher Richtung blickt«,[7] wie Saint-Exupéry in *Wind, Sand und Sterne* so treffend formuliert. Er ist uns nicht auferlegt, wie das bei unserer Familie der Fall ist; einen besonderen Platz in unserem Leben geben wir ihm ganz allein, und dass er in unserer Nähe ist, wird zur Selbstverständlichkeit. Die Gründe für diese Zuneigung lassen sich kaum anders erklären als durch eine seltsame Übereinstimmung unserer Seelen. So beschrieb Montaigne seine Freundschaft zu La Boétie: »Wenn man in mich dringt zu sagen, warum ich Etienne de la Boétie liebte, fühle ich, dass nur *eine* Antwort dies ausdrücken kann: ›Weil er er war, weil ich ich war.‹«[8]

Eine wesentliche Dimension der Liebe bringt Aristoteles mit der Gegenseitigkeit zur Sprache: Denn wirkliche Freundschaft kann es nur geben, wenn sie erwidert wird. Wir und der Freund, den wir uns ausgesucht haben, müssen aus unserer Beziehung dasselbe Vergnügen schöpfen, müssen Emotionen und Gefühle wirklich teilen, ohne dass der eine sich zwingen muss, die Beziehung am Leben zu erhalten, nur um dem anderen eine Freude zu machen. Eine hinkende Freundschaft ist keine wahre Freundschaft – und auch das unterscheidet sie von der Goldenen Regel, die nicht unbedingt auf Erwiderung angewiesen ist.

Seine Familie erbt man, Freunde sucht man sich aus. Einen Freund kann man aber auch innerhalb der Familie finden: einen Bruder oder eine Schwester, zu dem/zu der wir eine besondere, enge Beziehung haben, dem/der wir Freuden und Kummer gerne anvertrauen. Der Freund kann auch der

Lebensgefährte oder Ehepartner sein. Ich glaube sogar, dass sich zwischen zwei Liebenden, die nicht Freunde sind, gar keine echte Liebesbeziehung entwickeln kann. Leidenschaft nämlich ist nicht auf Dauer ausgelegt. Leidenschaftliche Liebe gründet sich auf dem sexuellen Verlangen, auf den Phantasien, die wir auf einen anderen projizieren, ohne ihn wirklich zu kennen – und nur allzu oft sind das unbewusste Erwartungen, die verknüpft sind mit der Beziehung, die wir als Kind zu unseren Eltern hatten. Leidenschaft gewährt uns wunderbare Lebenskraft, mit der Zeit aber nutzt sie sich ab. Irgendwann löst sich das Begehren in nichts auf, die Wirklichkeit kehrt wieder, und wir sehen den anderen plötzlich so, wie er ist. Und ist er auch ein Freund, so weicht die Leidenschaft einer mindestens ebenso starken Beziehung, nämlich der von Aristoteles so gepriesenen »vollkommenen Freundschaft«, die die Grundlage der wahren Liebe bildet: »Der Freund aber, der ein anderes Selbst ist, beschafft, was man aus sich selbst nicht erreichen kann.«[9] Liebe aus Freundschaft ist also eine doppelte Erfahrung von Ähnlichkeit und Ergänzung. Wir lieben uns, weil unsere Seelen sich ähneln. Und wir lieben uns auch deshalb, weil der andere uns das bietet, was uns fehlt und was wir uns selbst nicht geben können.

Aufgrund eigener Erfahrung lernte ich zu verstehen, wie treffend Aristoteles' Analyse ist. Ich habe sehr intensive Freundschaften erlebt, die auseinandergegangen sind, weil sie nicht gepflegt wurden, weil wir nicht genug Zeit miteinander verbracht haben, weil wir keine gemeinsamen Pläne hatten. Andere Freundschaften kamen gar nicht erst zustande, weil die Gefühle nicht auf Gegenseitigkeit beruhten: Ich mochte jemanden, ohne dass er mich wirklich mochte, oder umgekehrt. Und ich habe auch begriffen, wie notwendig die Freundschaft für eine Partnerschaft ist. Mehrere Liebesbeziehungen gingen schließlich im Streit oder aus Langeweile in die Brüche, weil sie nie in einer wahren Freundschaft verwurzelt waren. Dabei hatte mir schon in meiner Jugend die Platon-Lektüre klargemacht, wie doppeldeutig das Liebesverlangen ist. Vierzehn muss ich gewesen sein, als ich im *Gastmahl* las, wie Sokrates im Gespräch mit Aristophanes über die Liebe sagt: »Was man nicht hat und was man nicht selbst ist, wohl aber zu sein wünscht, dies und dergleichen sind die Dinge, auf welche die Begierde und die Liebe gerichtet sind.«[10] Sokrates erklärt, wie ambivalent die Liebe ist, in deren Geheimnisse ihn selbst eine Frau namens Diotima einführte. Liebe, *éros*, sagt er, ist ein mächtiges Verlangen, ein *daimónion*, das uns zum Besten und zum Schlimmsten leiten kann. In seinem Urzustand, ohne jede Bändigung, kann es bis zum Verbrechen führen. Wie viele Vergewaltigungen oder Morde sind nicht letztlich die Folge einer alles verschlingenden, unbeherrschten Liebesleidenschaft! Dieselbe Liebe dagegen kann die Seele auch zum höchsten Gut geleiten: zur Betrachtung des Göttlichen. Die Seele, so erklärt Sokrates, liebt zunächst einen bestimmten schönen Körper. Er selbst kaschierte keineswegs seine Bewunderung für die makellosen Epheben in seinem Umfeld, die ihm trotz seiner eigenen Hässlichkeit zu Füßen lagen. Ausgehend von einem ganz bestimmten Körper, weitet die Seele ihre Liebe auf alle schönen Körper aus, dann entdeckt sie eine höhere Harmonie, die Harmonie der Seelen, und hängt ihnen an. Noch weiter steigt sie auf, liebt die Schönheit der Tugend, der Wissenschaft, und schließlich, am Ende dieses langen Initiationsweges, das Gute und Schöne an sich, beides Güter göttlichen Ursprungs, die allein uns gänzlich beglücken können. »Bekommst du (sie) jemals zu schauen«, so erklärt Diotima, »so wird (sie) in deinen Augen einen ganz anderen Wert haben als Gold, Gewänder und als schöne Knaben und Jünglinge, bei deren Anblick du jetzt ganz außer dir gerätst und gleich vielen anderen, die sich in den Anblick ihres Lieblings versenken und sich von ihm nicht trennen können, womöglich bereit bist, Essen und Trinken ganz zu vergessen, um immer nur ihn zu schauen und mit ihm zusammen zu sein. Was also (...) darf man wohl erwarten, wenn einem das Glück beschert würde, das Schöne selbst zu schauen in voller Deutlichkeit, Reinheit und Unvermischtheit (...), wenn er vielmehr das göttliche Schöne selbst in seiner immer sich gleichbleibenden Form schauen könnte?«[11]

Für Sokrates gibt es also Abstufungen der Liebe, dieser irrationalen Macht, die von uns Besitz ergreift. Ausgehend von den materiellsten Dingen, erhebt sie sich schließlich zu einer anderen Seinsform, die die Mystiker aller spirituellen Lehrtraditionen preisen: zu Gott oder dem unsäglich Göttlichen. »Und wenn ihr liebt, sollt ihr nicht sagen: ›Gott ist in meinem Herzen‹, sondern: ›Ich bin im Herzen Gottes‹«,[12] erklärt der Prophet Khalil Gibran der Seherin al-Mitra, als sie ihn zur Liebe befragt.

Wir haben es hier mit einem anderen Liebesbegriff zu tun als mit der freundschaftlichen Liebe bei Aristoteles. In seiner äußersten Konsequenz führt der *éros* zur Betrachtung, zur Kontemplation, in den Augen der meisten griechischen Philosophen die vornehmste Betätigung des Menschen, die ihm das größtmögliche Glück verschaffen kann. Ein Mensch, der den Zustand der Kontemplation kennt, ist voller Liebe, sein Herz scheint keine Grenzen mehr zu kennen. Ich erwähnte bereits bestimmte innere Erfahrungen, die ich in der Natur gemacht habe und die mich in einen Zustand des Jubilierens versetzt haben, das Gefühl, ganz eins mit dem Kosmos zu sein. In diesen Momenten habe ich begriffen, wie die Wahrnehmung der Individualität zugunsten einer liebenden Verbundenheit mit dem Ganzen verblasst. Ich wollte diese Erfahrungen nie als »religiös« bezeichnen, denn sie standen meines Wissens mit keiner Gestalt und keinem Symbol in Zusammenhang, die von einer religiösen Richtung überliefert werden. Und doch ist in allen spirituellen Strömungen von diesen Erfahrungen die Rede, über die der Einzelne aus den Grenzen seines »Ichs« herauskann, um sich einer Sphäre anzuschließen, die ihn vollkommen übersteigt; und dabei gerät er in einen Zustand von Freude und Liebe. Im Grunde ist es unwichtig, wie man je nach Kultur und Tradition diese Transzendenz bezeichnet: Natur, Kosmos, Gott, das Göttliche, das Absolute, das Alles, das Tao.

Offenbar wird durch diese Erfahrung freilich eine andere Dimension der Liebe: Es geht um völlig interessenloses Geben, für das keine Gegenleistung erwartet wird. Dieses Liebesgeschenk erscheint im Neuen Testament unter dem griechischen Wort *agápe*. Damit wollen seine Verfasser, vor allem Paulus und die vier Evangelisten, die bedingungslose Liebe Gottes zu den Menschen fassen und zugleich die interessenlose Liebe, mit der die Menschen sich untereinander lieben sollen. Diese Liebe ähnelt insofern der Philosophenfreundschaft, als sie die Selbsthingabe beinhaltet und den Wunsch, den anderen glücklich zu machen. In zwei

Punkten aber unterscheidet sie sich auch von ihr: Sie erfordert keine Erwiderung und richtet sich auch nicht auf einen bestimmten Menschen, sondern auf den Nächsten ganz allgemein, ja sogar auf die ganze Welt. Darin ähnelt sie wiederum der Goldenen Regel; freilich ist diese ein ethisches Prinzip, in dem die affektive Dimension kaum eine oder gar keine Rolle spielt, während die *agápe* eine echte Liebe ist, die das ganze Wesen bindet. Man liebt den Nächsten von ganzem Herzen. Und genau diese Liebe meint Jesus, als er am Abend vor seinem Tod seinen Jüngern aufträgt: »Dass ihr euch untereinander liebt, wie ich euch geliebt habe, damit auch ihr einander lieb habt. Daran wird jedermann erkennen, dass ihr meine Jünger seid, wenn ihr Liebe untereinander habt.«[13] Auch in der buddhistischen Überlieferung findet sich dieser Begriff der bedingungslosen Liebe, die sich auf alle Lebewesen richtet: *Karuna*, das große tätige Mitgefühl. Anders als die einfache Zuwendung (*Maitri*), eine Art Wohlwollen im Sinne der Goldenen Regel (Respekt gegen alles Lebendige), entwickelte sich der Begriff des tätigen Mitgefühls im Buddhismus über die Jahrhunderte hinweg weiter und wurde schließlich zur Kardinaltugend des Großen Fahrzeugs (*Mahayana*). Es ähnelt der christlichen Liebe, denn auch hier gilt es, sein Leben für die anderen zu geben und auf die Erfüllung in der höchsten Befreiung, auf das *Nirvana* also, zu verzichten, um stattdessen weiter denen zu helfen, die leiden, weil sie Gefangene des *Samsara*, des unaufhörlichen Kreises der Wiedergeburten, sind, und sie bis zur Befreiung zu geleiten.

Mir ist diese Liebe bei Menschen wie Mutter Teresa, Abbé Pierre oder dem Dalai-Lama begegnet. Trotz ihrer sehr unterschiedlichen Charaktere beeindruckten alle drei mich durch die extreme Aufmerksamkeit, die sie dem anderen entgegenbrachten, ob reich oder arm, und mit ihrer unbezwingbaren Entschlossenheit, das Leid all derer zu lindern, die zu ihnen kamen. Ich selbst durfte in Indien eine sehr prägende Erfahrung machen, als ich mich in einem Leprakrankenhaus mit angeschlossener Sterbestation aufhielt, die Schwestern aus Mutter Teresas Orden unterhielten. Wie gesagt rührte dieser Wunsch, einige Monate meines Lebens den Ärmsten der Armen zu widmen, wahrscheinlich unbewusst von meinen eigenen Wunden her, die mich für das Leid der anderen besonders sensibilisierten. Jedenfalls machte mir diese Erfahrung klar, wie sehr es das Herz des Gebenden erfüllt, wenn man sich um Menschen von extremer Bedürftigkeit kümmert. Und da begriff ich nicht nur, sondern erlebte geradezu dieses Wort Jesu, das Paulus in der Apostelgeschichte wiedergibt: »Geben ist seliger als nehmen.«[14] Aus dieser selben unglaublichen Intuition heraus gründete Abbé Pierre seine Emmaus-Bewegung: Er wollte gebrochene Menschen wieder aufrichten, indem er sie anderen, noch gebrocheneren Menschen helfen ließ. Berühmt geworden ist der Satz – der eigentliche Gründungsakt der Emmaus-Bewegung –, den Abbé Pierre zu Georges sagte, einem ehemaligen Häftling, der keinen Grund mehr sah zu leben und sich umbringen wollte: »Anstatt dich zu töten, hilf mir zu helfen.«

Bei vielen Geistlichen taucht diese gebende Liebe auf, doch nur wenige Philosophen haben versucht, sie zu analysieren oder nach einer rationalen Grundlage dafür zu suchen. Unter ihnen möchte ich den Philosophen und Talmudisten Emmanuel Lévinas zitieren. Bei diesem – als Mensch wie als profunder Denker – äußerst bemerkenswerten Mann studierte ich an der Universität von Fribourg Philosophie. Auch meinen intellektuellen Weg prägte er, insbesondere durch seinen höchst originellen Beitrag zur Ethik über den Begriff des Antlitzes: Der Andere, das Anderssein, wird im Antlitz sichtbar. Not und Verletzlichkeit eines Antlitzes machen uns verantwortlich für den anderen.[15] Für eine Veröffentlichung zur Ethik, die ich wenige Jahre vor seinem Tod verfasste, stellte er mir einen sehr schönen Text zur Verfügung, der seine Vorstellungen über die gebende Liebe und die Verantwortung gegenüber dem anderen im Wesentlichen resümiert. Hier die abschließenden Worte: »Und genau dieser Bruch mit der Gleichgültigkeit, die Möglichkeit eines *Füreinanders*, ist das ethische Ereignis. Im menschlichen Leben ist die Berufung zu einem Dasein für den anderen, indem sie die Mühe des Seins unterbricht und darüber hinausgeht, stärker als der Tod: Das existenzielle Abenteuer des Nächsten ist für das Ich wichtiger als das eigene, es stellt das Ich von vornherein als verantwortlich für den anderen dar. Verantwortlich, also einzigartig und auserwählt, also gleichsam ein *Ich*, das nicht mehr irgendein beliebiges menschliches Individuum ist. Als würde das Aufkommen des Menschlichen in der Ökonomie des Seins sowohl die Richtung als auch den Inhalt und den philosophischen Rang der Ontologie umkehren: das In-Sich des stur vor sich hin existierenden Wesens geht über sich selbst hinaus in der Interessenlosigkeit des *Außer-sich-für-den-Anderen*, im Opfer oder dem möglichen Opfer, in der Aussicht auf Heiligkeit.«[16]

13

GEWALTLOSIGKEIT UND VERGEBUNG

Leider sind wir immer häufiger mit Aggressivität und sogar mit Gewalt konfrontiert, physisch wie verbal. Hier eine Beleidigung, da Mobbing im Büro, ein Schimpfwort auf der Straße oder in der U-Bahn, eine Rempelei oder gar eine drohend erhobene Hand. Manchmal erleben wir das von Kindheit an: Unseren Eltern oder anderen Erwachsenen, die ihre Autorität missbrauchten, konnten wir kaum etwas entgegensetzen. Bei den anderen Kindern auf dem Pausenhof dagegen bestand unsere Reaktion oft darin, Schläge mit Schlägen zu beantworten, Beleidigungen mit Beleidigungen, Gewalt mit Gewalt. Das ist eine ganz natürliche Reaktion: Wer angegriffen wird, verteidigt sich instinktiv. Genauso wie unser Körper spontan seine Immunabwehr auffährt, sobald ein Fremdkörper in ihn eindringt. Lymphozyten gehen auf eindringende Viren los und töten Parasiten ab. Auf einen äußerlichen Angriff reagieren wir ähnlich: Unser »Immunsystem«, der Erste-Hilfe-Schutzschild, besteht in der Anwendung des Talionsprinzips oder Vergeltungsrechts. Dieses »Auge um Auge, Zahn um Zahn« wurde schriftlich zum ersten Mal im 18. Jahrhundert vor unserer Zeit gefasst, im Codex Hammurapi, der Rechtssammlung des Königs von Babylon; demnach durften die Bürger sich für einen Schaden im rechten Maß rächen, indem sie den Schaden, den sie erlitten hatten, im gleichen

Ausmaß dem Urheber zufügten. Das Gesetz sollte einem unbedachten Aufschaukeln der Gewalt Einhalt gebieten.

Dieses Talionsprinzip wird in der Thora, also den ersten fünf Büchern der Bibel, insgesamt drei Mal erwähnt: »Entsteht ein dauernder Schaden, so sollst du geben Leben um Leben, Auge um Auge, Zahn um Zahn, Hand um Hand, Fuß um Fuß, Brandmal um Brandmal, Beule um Beule, Wunde um Wunde.« (Ex 21,23–25) »Dein Auge soll ihn nicht schonen: Leben um Leben, Auge um Auge, Zahn um Zahn, Hand um Hand, Fuß um Fuß.« (Dtn 19,21) »Wer Menschenblut vergießt, dessen Blut soll auch durch Menschen vergossen werden.« (Gen 9,6) Allerdings widersprechen dieser mehrmaligen Nennung andere Verse, die dazu aufrufen, die Gewalt zu überwinden und zu vergeben: »Du sollst dich nicht rächen noch Zorn bewahren gegen die Kinder deines Volks. Du sollst deinen Nächsten lieben wie dich selbst; ich bin der Herr.« (Lev 19,18)

Sosehr das Alte Testament (übrigens ganz wie der Koran) in dieser Hinsicht mehrdeutig bleibt, so zentral ist die kategorische Ablehnung der Gewalt in der Lehre Buddhas: Er ruft dazu auf, auf Gewalt nicht mehr mit Gewalt zu reagieren, jedem Lebewesen Respekt und Mitgefühl entgegenzubringen. Seinem Schüler Phagguna erklärt Buddha etwa: »Wenn irgendjemand dir einen Hieb mit der Hand, mit einem Erdklumpen, mit einem Stock oder mit einem Messer geben würde, (…) solltest du dich so üben: (…) ich werde keine bösen Worte äußern; ich werde in Mitgefühl für sein Wohlergehen verweilen, mit einem Geist voll liebender Güte, ohne inneren Hass.«[1] Eine ähnliche Reaktion predigt Jesus, der das Talionsprinzip vollständig ablehnt: »Ihr habt gehört, dass gesagt ist: ›Auge um Auge, Zahn um Zahn.‹ Ich aber sage euch, dass ihr nicht widerstreben sollt dem Übel, sondern: Wenn dich jemand auf deine rechte Backe schlägt, dem biete die andere auch dar. Und wenn jemand mit dir rechten will und dir deinen Rock nehmen, dem lass auch den Mantel. Und wenn dich jemand nötigt, eine Meile mitzugehen, so geh mit ihm zwei.«[2] Jesus geht sogar so weit, die Feindesliebe zu predigen, was menschlich gesehen noch schwieriger ist: »Aber ich sage euch, die ihr zuhört: Liebt eure Feinde; tut wohl denen, die euch hassen; segnet, die euch verfluchen; bittet für die, die euch beleidigen.«[3] Und diesen Worten lässt Jesus Taten folgen, als er am Kreuz denen vergibt, die ihn quälen und beschimpfen.

Verzeihen und Gewaltlosigkeit hängen eng zusammen. Ich meine hier nicht Flucht oder Vorsicht, aus der heraus wir einen Angriff nicht erwidern, wenn wir uns unterlegen fühlen. In diesem Fall nämlich bleiben Hass oder Groll in uns zurück, und wenn sich die Kräfteverhältnisse einmal umkehren, dann werden wir auf der Stelle dem anderen antun, was er uns angetan hat. Es geht also genau gesagt nicht um eine Haltung der Gewaltlosigkeit, denn die ist etwas rein Äußerliches, Strategisches. Die wahre Ethik der Gewaltlosigkeit folgt einem inneren Aufruf zur Vergebung, wie sie die großen Verfechter der Gewaltlosigkeit vertreten. Gandhi nutzte sie als einzig mögliche Strategie für die Unabhängigkeit Indiens von dem britischen Kolonialreich, und seine Wette ging auf. Doch er erklärte seinen Mitbürgern, sie dürften bei diesem politischen Sieg nicht stehen bleiben: Aller Hass auf die Kolonialherren und auf andere Religionen müsse verschwinden, damit Indien der Herausforderung seiner Unabhängigkeit gerecht werden könne. Nelson Mandela wiederholte als Präsident Südafrikas mehrmals, er habe denen vergeben, die ihn 27 Jahre lang in einem winzigen Kerker gefangen gehalten hatten, und forderte alle schwarzen Mitbürger auf, den Weißen zu vergeben, um ein Zusammenleben wieder zu ermöglichen.

Allerdings – und das muss betont werden – ist die Vergebung kein rationaler Akt. Die Vernunft sitzt im Lager der Gerechtigkeit, also der Wiedergutmachung erlittener Ungerechtigkeit. Der Philosoph Vladimir Jankélévitch bezeichnet in seinem Buch *Das Verzeihen* die Vergebung nach den Todeslagern als »Unmöglichkeit a priori«, als unerreichbaren Horizont, auf den man sich aber dennoch zubewegen müsse.[4] Ich denke, wir haben es mit einem rational betrachtet sinnfreien Akt zu tun, vor allem wenn man jemandem verzeihen möchte, der gar keine Vergebung wünscht oder der seine Fehler nicht eingesteht. Und doch ist es die einzig »heilsame« Haltung, nicht nur, um inneren Frieden mit sich selbst zu finden, sondern auch, um einen Konflikt beizulegen. »Ohne Vergebung bleiben wir auf ewig Gefangene der Konsequenzen unserer Handlungen«, erklärte Hannah Arendt. Vergebung ist weder rational noch gerecht, aber sie verschafft uns Freude und Heiterkeit und ist zudem eine notwendige Voraussetzung für die Beendigung der Gewalt. Verzeihen heißt nicht vergessen. Es heißt, die Wunde, die jemand uns zugefügt hat, schließen, und zwar in einem bestimmten Kontext, einem bestimmten Umfeld, und alles dafür tun, dass es zu der Situation, die der Verwundung zugrunde lag, nicht wieder kommt. Vergebung ist immer eine innere, eine persönliche Entscheidung, ein Herzensakt, ein spiritueller Akt, der manchmal unerklärlich ist und nicht frei von einer gewissen mystischen Dimension. Wegen ihres fast übermenschlichen Charakters beschrieben alle Religionen sie als Gipfel der Spiritualität, und nur ganz wenige Philosophen, selbst unter denen, die sie predigten, konnten eine rein logische Erklärung zu ihrer Rechtfertigung aufzeigen.

Ich war noch ziemlich jung, als ich die Texte Gandhis las und entdeckte, was seiner gesamten politischen Tätigkeit als Leitprinzip zugrunde lag und schließlich zur Unabhängigkeit Indiens führte: *Ahimsa*, also die Enthaltung von jeglichem Gewaltstreben, die er durch die Kraft der Wahrheit und der »reinen Liebe« begründet. Besonders interessierte mich fortan das Geschick der Tibeter, und ich bin beeindruckt von der Haltung des Dalai-Lama, der konsequent jeden Gewaltakt gegen China ablehnt, obwohl sein Land seit über sechzig Jahren blutig unterdrückt und international vollständig isoliert wird. Vor dem Hintergrund, dass es keinerlei greifbare Ergebnisse gibt, dass sein Volk leidet und die chinesischen Behörden ihn unaufhörlich verteufeln, obwohl der Dalai-Lama ihnen unaufhörlich die Hand reicht und erhebliche Zugeständnisse macht – habe ich mich schon oft gefragt, ob er den richtigen Weg gegangen ist. Diese Frage treibt auch viele junge Tibeter um, die sich versucht fühlen, gewaltsam gegen China vorzugehen. Das Scheitern des Dalai-Lama beruht vor allem darauf, dass China, anders als Großbritannien, das Gandhi bekämpfte, keine Demokratie ist. Wäre Großbritannien eine Diktatur gewesen, hätte es wahrscheinlich die Rebellion blutig niedergeschlagen. Genauso verhält es sich mit dem kommunistischen China, das lieber die Tibeter bis zum letzten Mann massakrieren wird, als ein Territorium aufzugeben, das militärisch und ökonomisch höchst bedeutsam ist. Aber trotz allem bin ich heute überzeugt, dass der Dalai-Lama die richtige Entscheidung getroffen hat. Nicht nur aus spirituellen Gründen – der geistliche Führer der Tibeter erinnert daran, dass Gewaltverzicht im Mittelpunkt der buddhistischen Botschaft steht –, sondern auch aus politischen. Die chinesischen Behörden warten nur darauf, dass die Tibeter Terroranschläge verüben, um eine noch heftigere Repression zu rechtfertigen und ihre Gewaltherrschaft über dieses Volk zu legitimieren. Akte des gewaltsamen Widerstands aber wären angesichts der militärischen Übermacht Chinas nicht nur lächerlich, sondern sie würden auch in wenigen Tagen das immense Sympathiekapital verspielen, das die pazifistische Haltung des Dalai-Lama seinem Volk verschafft hat; 1989 wurde er dafür mit dem Friedensnobelpreis ausgezeichnet. Diese weltweite Unterstützung durch die öffentliche Meinung wird sich vielleicht eines Tages als Hebel zu einer Veränderung der chinesischen Regierungspolitik erweisen.

Ich glaube, gewaltfreie Auseinandersetzungen und bewundernswerte Akte der Vergebung sind langfristig immer wirksam, denn sie bringen das Bewusstsein der gesamten Menschheit voran, und das trotz des momentanen Scheiterns oder des häufig tragischen Endes der Friedensstifter. Sokrates und Jesus wurden hingerichtet. In jüngerer Vergangenheit bezahlten Gandhi, Martin Luther King und Yitzhak Rabin ihre pazifistische Haltung mit ihrem Leben. Doch ihr Zeugnis hat unser Gewissen zutiefst beeindruckt und richtet es auf ein höheres Gut aus, auf ein Streben nach Güte und Brüderlichkeit. Denn das Böse mag ansteckend sein, aber das Gute ist es auch, und vielleicht in noch höherem Ausmaß.

Wir alle waren erschüttert vom Zeugnis des palästinensischen Arztes Issaldin Abu al-Aish, der als engagierter Pazifist im Januar 2009 gerade live vom israelischen Fernsehen interviewt wurde, als vor seinen Augen ein Panzer sein Haus unter Beschuss nahm und seine drei Töchter und eine seiner Nichten tötete. Wenige Stunden später sagte er vom Krankenhaus aus dem israelischen Fernsehen, mit Tränen in den Augen: »Es gibt keinen Unterschied zwischen Israelis und Palästinensern, wir können miteinander leben. In Frieden.«

Solche geradezu heldenhaften Taten können uns in unserem Alltag als Vorbild dienen, eine physische oder verbale Aggression nicht zu erwidern. Unser Gegenüber, das ja eine Reaktion gemäß dem Talionsprinzip erwartet, wird zunächst einmal überrascht sein. Indem wir uns nicht auf die Auseinandersetzung einlassen, bringen wir den anderen aus dem Konzept. Gelegentlich werde ich bei Vorträgen oder Diskussionsveranstaltungen verbal angegriffen. Ich weigere mich dann immer, im gleichen polemischen Ton zu antworten, in den Streit einzusteigen, den Fragesteller bloßzustellen, was relativ einfach wäre, wenn das Publikum auf meiner Seite steht. Sehr häufig bewirkt das, dass die Gereiztheit des Gesprächspartners sofort nachlässt. Bei anderen Gelegenheiten habe ich mich angesichts wiederholter Anfeindungen gezwungen, niemals nach Rache zu streben. Ich möchte hier eine kleine Begebenheit aus meinem Berufsleben berichten, die aufzeigt, wie sich eine unangenehme Konkurrenzsituation – und Rivalitäten kennen wir fast alle – durch eine einfache Geste vollkommen verändern kann. Ein Hochschulkollege hatte mich zehn Jahre lang unaufhörlich öffentlich diskreditiert und mich sogar jedes Jahr vor seinen Studenten als exemplarischen Fall von Inkompetenz dargestellt. Ich verstand nicht, worauf diese Haltung beruhte, und enthielt mich einfach nur in einer Art leicht verächtlicher Distanz einer Antwort. Und dann, eines Tages, stieß ich auf ein hervorragendes Buch genau dieses Kollegen und beschloss, in der Zeitung, die ich herausgebe, eine positive Kritik dazu zu veröffentlichen. Meine Mitarbeiterin, die den Kulturteil dieser Zeitung betreut, wollte mich unbedingt davon abbringen, weil er doch immer so schlecht über mich geredet hatte. »Eben weil er mich ständig kritisiert, werden wir sehr positiv von seinem Buch berichten«, erwiderte ich zu ihrer großen Verwunderung. Nach diesem Artikel bat mich besagter Kollege um ein Gespräch. Wie er mir erklärte, hatte er es mir sehr übel genommen, dass ich in einem Buch eine seiner Thesen kritisiert hatte. Mir war damals nicht klar gewesen, wie heftig meine Kritik ausgefallen war, und ich begriff plötzlich seinen Groll auf mich. Wir baten einander gegenseitig um Verzeihung und sind inzwischen sehr gut befreundet.

Das ist nur eines dieser kleinen, alltäglichen Beispiele, aber sie sind wichtig, denn wenn Vergebung und Gewaltlosigkeit nicht in den Beziehungen zu unseren Nächsten beginnen, können sie sich nie auf die ganze Welt ausweiten. Wozu soll man die blinde Kriegswütigkeit bei internationalen Krisen kritisieren, wenn wir selbst nicht in der Lage sind, unsere Ängste und Ressentiments zu überwinden und denen zu vergeben, die uns verletzt haben?

Wenn uns eine Wunde trotz allem weiter quält, können wir uns in der Spiritualität Hilfe holen, um unseren Hass oder unsere Wut zu überwinden. Gläubigen kann das Gebet helfen, und ich staune immer, wenn ich Hasstiraden, Racheschwüre oder Todesdrohungen aus dem Mund von Menschen höre, die sich als religiös bezeichnen: Dient ihnen also die Religion nur als Alibi für ihre politische Überzeugung? Mir persönlich hat ein Wort Christi geholfen, das Verzeihen zu lernen. Als er am Kreuz hängt, als er ungerecht gedemütigt und gequält wird und den nahen Tod erwartet, wendet er sich so an Gott: »Vater, vergib ihnen; denn sie wissen nicht, was sie tun!«[5] Er hält bei Gott Fürbitte für seine Henker und macht ihre Unwissenheit geltend. Zu wissen, dass der, der uns verletzt hat, sich seines Tuns vielleicht nicht bewusst ist, dass er vielleicht einem Trieb, einem Instinkt, der Angst gehorcht oder dem Einfluss von Propaganda unterliegt, kann uns eine große Hilfe sein. Sehr häufig ist ein Aggressor auch selbst Opfer irgendwelchen Leids. Ihn zu verstehen, hilft uns zu verzeihen. 1998 lief im Kino ein Zeichentrickfilm, den ich sehr mochte: *Kiriku und die Zauberin*. Die Geschichte spielt in Westafrika, wo ein Dorf dem Fluch einer Hexe zum Opfer fällt: Karaba verbreitet Angst und Schrecken, lässt Flüsse versiegen und entführt alle Männer. Der kleine Kiriku will dahinterkommen, warum die Hexe so böse ist, und entdeckt, dass sie selbst an etwas leidet: Seit ihrer Kindheit steckt ihr ein Dorn tief im Rückgrat. Er wird diesen Dorn entfernen und sie damit von ihrer Bösartigkeit befreien. Dieser Zeichentrickfilm für Kinder trägt eine tiefsinnige Botschaft: In der Konfrontation mit einem »Bösen« soll man sich zunächst einmal fragen, warum er leidet, soll zu verstehen versuchen, wo der Ursprung seiner Aggressivität liegen könnte. Indem wir verstehen, können wir leichter verzeihen.

Im tibetischen Buddhismus gibt es eine Technik der

Visualisierung, die jedem, auch dem Ungläubigen, helfen kann, Hass, Zorn oder Rachegefühle hinter sich zu lassen. Da sie so einfach wie wirksam ist, möchte ich sie hier in ihren Grundlagen darstellen. Die Visualisierungsübung läuft in mehreren aufeinanderfolgenden Stufen ab. Zunächst atmet man tief ein und »sieht« dabei den Menschen, der uns verwirrt, vor schwarzem Hintergrund. Beim Ausatmen »schickt« man ihm Licht und »sieht« ihn in einem immer helleren, immer positiveren Schein. Schon nach wenigen Sitzungen empfindet man spürbar weniger Aggressivität gegen ihn. Häufig lässt sich so jede Feindseligkeit abbauen, ja, man beginnt dem anderen sogar Gutes zu wünschen: Indem man ihn in dieser Übung im eigenen Atem, im eigenen Körper hat Gestalt annehmen lassen, hat man gespürt, dass dieser Mensch unwissend ist, unglücklich, dass er selbst leidet. Dann weicht die Wut allmählich dem Mitgefühl.

Wie schon gesagt, habe ich durch die Innenschau, indem ich mich selbst kennenlernte, zum Mitgefühl für mich und für die anderen gefunden. Ich habe begriffen, dass wir alle zum Schlimmsten fähig sind, nicht weil wir von Grund auf schlecht sind, sondern weil wir schwach sind, verwundet, frustriert. Wir hegen Erwartungen, die der andere nicht erfüllt: Dann wollen wir ihn so lange provozieren, bis er reagiert, wir tun ihm weh, weil es uns selbst wehtut. Haben wir erst die Wunde in uns selbst angenommen, können wir die anderen nicht mehr kategorisch verurteilen, sondern haben eher grundsätzliches Verständnis – was freilich nicht bedeutet, dass uns nun jeder beliebig angreifen darf, sondern dass wir unsere eigene Gewalttätigkeit als Reaktion auf Gewalt im Griff haben. Unsere Feindseligkeit verwandelt sich in Mitgefühl, und damit ist sie nicht mehr das negative

Gefühl, das uns von innen heraus zerfrisst und unglücklich macht. Wenn wir uns unseres inneren Zwiespalts bewusst sind, unserer eigenen Komplexität, dann werden wir von selbst toleranter.

Und so ging es mir: Jedes Mal, wenn ich auf Gewalt mit Großmut reagiert habe, wenn ich die Rachlust überwunden habe, habe ich mich gefreut, einem Instinkt widerstanden zu haben, um zu einer tiefen Menschlichkeit zu gelangen. Wenn ich aber der Rachlust nachgegeben, wenn ich zurückgeschlagen und eine Beleidigung mit einer Beleidigung vergolten habe (das passiert mir häufig beim Autofahren!), bereue ich das und bin traurig. Wenn ich so handle, merke ich, dass ich zum Komplizen des Bösen werde, das diese Welt von ihrem Ursprung an durchzieht: Ich folge der von dem Philosophen René Girard umfassend dargestellten mimetischen Gewalt, die den Menschen in eine ausweglose Spirale der Zerstörung treibt. Lernen wir also, ihr die Kraft der Liebe und der Vergebung entgegenzusetzen: Das ist der mutigste, anspruchsvollste und heilsamste Akt des Widerstands.

14

TEILEN

Bedeutet Gewaltlosigkeit nur den Verzicht darauf, den anderen anzugreifen oder auf seinen Angriff zu reagieren? Schon diese passive Auffassung ist essenziell, wie wir eben gesehen haben, und doch glaube ich, dass man noch weiter gehen und sich für eine aktive Gewaltlosigkeit einsetzen muss: Es geht dabei nicht nur um Gewaltverzicht, sondern außerdem noch darum, initiativ zu werden und einen Beitrag zu leisten, um die Bedingungen für eine harmonische Gesellschaft und für gerechte, solidarische Beziehungen unter den Menschen zu schaffen. In diesem Sinn heißt Gewaltlosigkeit auch teilen zu lernen.

Eine der großen Bedrohungen für unsere Gesellschaft ist die äußerst ungleiche Verteilung der Reichtümer. Um es ganz einfach auszudrücken: Die Armen werden immer ärmer, die Reichen immer reicher. Wenn nun aber die Schere der Ungleichheit immer weiter auseinanderklafft – und diese Ungleichheit liegt dem liberalen Wirtschaftsmodell unserer Gesellschaften zugrunde –, dann entsteht Gewalt. Nach der katastrophalen Erfahrung mit dem Kommunismus wissen wir jedoch, dass unser System immer noch das mit den wenigsten Mängeln ist. Wenn aber dieses Modell aus den Fugen gerät, und das ist augenblicklich der Fall, dann gebiert es ein Ungeheuer. Wenn Superreiche zu unglaublichen Mitteln greifen, um der Umverteilung ihres Reichtums zu entkommen, wenn sie dorthin auswandern, wo sie weniger Steuern zahlen, und ihr Vermögen in Steuerparadiesen in Sicherheit bringen, dann ist die Alarmstufe überschritten. Wie sollte es anders sein, wenn die Geringverdiener und Arbeitslosen, denen es am Nötigsten fehlt, zusehen müssen, wie auf diese Weise Milliarden Euro verheimlicht werden, nur damit sie nicht geteilt werden müssen? Wenn sie Tag für Tag mit ansehen, wie Industriekapitäne und Aktionäre sich mit allen Mitteln weiter bereichern und nicht nur ihr Kapital, sondern auch noch ihre Fabriken auslagern, auf die Gefahr hin, damit die soziale Infrastruktur aus dem Gleichgewicht zu bringen und die Armen immer weiter in die Armut zu treiben? Und das gilt nicht nur in unseren Gesellschaften, sondern global, denn auch zwischen Nord und Süd öffnet sich die Schere bei der Verteilung der Reichtümer immer weiter. Das Modell der traditionellen Gesellschaften ist in den südlichen Ländern verschwunden; stattdessen ist es zu noch viel schreienderen Ungleichheiten gekommen als im Norden, die machthabenden Klassen monopolisieren allen Besitz, und die Bürger werden in die äußerste Armut getrieben. Doch über das Satellitenfernsehen wissen diese Menschen, dass gar nicht weit von ihnen andere Länder im Überfluss leben, und so versuchen sie dorthin zu gelangen, häufig unter Einsatz ihres Lebens. Wird es womöglich eines Tages so weit kommen, dass den Migrantenströmen aus dem Süden die Maschinengewehrsalven des Nordens entgegengesetzt werden?

Wir haben es hier nicht nur mit gesellschaftlichen Problemen zu tun, sondern mit einer Frage, die sich an jeden Einzelnen von uns richtet. Denn Staaten können zwar in Absprache versuchen, bestimmte Exzesse des Finanzsystems zu regulieren oder gegen die Steuerparadiese vorzugehen, doch ihr Handlungsspielraum ist durch das liberale System eingeschränkt, das die unternehmerische Freiheit garantiert. Und so hängt die Antwort vor allem von denen ab, die sich weigern, der egoistischen Logik eines »jeder für sich« zu folgen. Würden die Reichen und Superreichen die Logik des Teilens akzeptieren, so würde auf der Erde sehr vieles anders laufen.

Genau das ist die Botschaft der Weisen, die nie den Reichtum an sich verurteilen, wohl aber die Weigerung, zu teilen. »Wenn aber jemand dieser Welt Güter hat und sieht seinen Bruder darben und schließt sein Herz vor ihm zu, wie bleibt dann die Liebe Gottes in ihm?«, ruft der Apostel Johannes in einem wunderbaren Brief, den er kurz vor seinem Lebensende verfasste. »Meine Kinder, lasst uns nicht lieben mit Worten noch mit der Zunge, sondern mit der Tat und mit der Wahrheit«, heißt es da weiter.[1] Buddha bestimmte, dass seine Mönche sehr karg von dem leben sollten, was die Laien ihnen darbrachten. Und von den Laien verlangt er, zu teilen und ihren Reichtum maßvoll zu nutzen im steten Bewusstsein dessen, wie vorübergehend aller materielle Besitz ist. Auch Jesus macht das Teilen und die Wohltätigkeit zu einem seiner Gebote. »Gib dem, der dich bittet«,[2] sagt er und warnt sogleich: »Wenn du nun Almosen gibst, sollst du es nicht vor dir ausposaunen lassen (…). Lass deine linke Hand nicht wissen, was die rechte tut, damit dein Almosen verborgen bleibe; und dein Vater, der in das Verborgene sieht, wird dir's vergelten.«[3] So sehr besteht er auf der Praxis des Teilens und der Wohltätigkeit, dass sie zu einem der wichtigsten Merkmale der ersten Christen wurde, die all ihren Besitz zusammenlegten. Das, so betont Jesus, ist die Pflicht aller, der Reichen wie der Armen: Jeder muss nach seinem Vermögen geben. Und er veranschaulicht diese Ermahnung an dem Beispiel einer armen Frau, die ihre beiden letzten Münzen in den Opferstock legt, in den die Reichen große Summen geben. »Diese arme Witwe hat mehr in den Gotteskasten gelegt als alle, die etwas eingelegt haben. Denn sie haben alle etwas von ihrem Überfluss eingelegt; diese aber hat von ihrer Armut ihre ganze Habe eingelegt, alles, was sie zum Leben hatte.«[4] Die Gabe, *Zakat*, ist auch einer der fünf Pfeiler des Islams. Die muslimische Überlieferung hat diese religiöse Verpflichtung weitläufig ausgelegt, sie soll eine Verteilung des Besitzes garantieren, wenngleich darin nicht ihr einziges Ziel besteht. Dem Islam zufolge wird der, der gibt, von Gott entlohnt. Dass der Prophet Mohammed am Ende seines Lebens in solchem Überfluss lebte, gilt als Geschenk Gottes, als Erwiderung der Gnade an den, der gegeben hat. Und eine der geläufigsten Formulierungen, auf Arabisch seinen Dank auszudrücken, lautet: »Gott wird es dir vergelten.« In einem anderen Kontext findet sich dieser Gedanke auch in dem sehr schönen Gebet des Franz von Assisi: »Herr, lass mich trachten, nicht, dass ich getröstet werde, sondern dass ich tröste; nicht, dass ich verstanden werde, sondern dass ich verstehe; nicht, dass ich geliebt werde, sondern dass ich liebe. Denn wer sich hingibt, der empfängt; wer sich selbst vergisst, der findet.«

Keiner verlangt von den Reichen, all ihr Geld den Armen zu geben, sondern nur ihren Überfluss. Sie sollen sich nicht in eine Spirale endloser Bereicherung hineinbegeben, die weder zum sozialen Frieden noch ins individuelle Glück führen kann. Diese konsumorientierte Ideologie, diese Logik des Besitzes, der heute so viele Menschen, Reiche und Arme, folgen, weil sie glauben, dass ihr Glück vom Konsum und der Anhäufung materiellen Besitzes abhängt, zerfrisst unsere heutige Welt. Natürlich ist ein Mindestmaß an Geld und Bequemlichkeit wünschenswert, aber wir müssen uns unbedingt aus der Logik des »immer mehr« befreien, das zu unserer Losung geworden ist. Denn materielles Besitzstreben ist von Natur aus unstillbar: Es treibt uns, immer mehr besitzen zu wollen, zu Lasten des sozialen und ökologischen Gleichgewichts auf der Erde. Darunter leidet das Gemeinwohl, das Maßhalten und Teilhabe am Überfluss braucht, aber auch unser eigenes, individuelles Glück, das entgegen den Lügen der Werbung nicht auf Geld und materiellem Besitz beruht. Um glücklich zu sein, muss man Eigenschaften entwickeln, die nicht einer Logik des Habens unterliegen, sondern der des Seins. Deswegen haben sich Weise und Geistliche weltweit freiwillig Grenzen für ihren materiellen Besitz gesteckt, manchmal entschieden sie sich gar für eine radikale Besitzlosigkeit.

Sokrates etwa lebte aus freien Stücken unter gewissen Entbehrungen und verlangte für seinen Unterricht kein Geld, während die Sophisten sich zur gleichen Zeit die Unterweisung der Athener Jeunesse dorée teuer bezahlen ließen. Zwei zeitgenössische Autoren, Eupolis und Aristophanes, mokierten sich deshalb in ihren Komödien über Sokrates, nannten ihn Landstreicher, Barfußgänger und Bettler. Xenophon, selbst einer seiner Schüler, lässt seine Figur Antiphon über ihn sagen: »Du führst jedenfalls ein solches Leben, wie es wohl nicht ein einziger Sklave ertragen würde, der von einem Herrn unterhalten wird.«[5]

Sokrates aber verweigerte standhaft jede Entlohnung und gab sein Talent kostenlos weiter. Dabei predigte er weder Askese noch Selbstkasteiung, sondern ganz wie Buddha die »Mäßigung (...), nämlich dass man sich nicht von Begierden aufregen lässt, sondern sich gelassen und sittsam verhält«.[6] Sokrates wird nicht der einzige Philosoph der griechischen Antike bleiben, der so redet. Gegen Ende des 3. Jahrhunderts eröffnete Epikur in Athen seine Schule in einem Garten, den er selbst bestellte, denn für ihn war Selbstversorgung ein Unterpfand der Freiheit. Er lehrte das Streben nach Annehmlichkeiten, nicht aber nach Genuss um jeden Preis, wie es der moderne Begriff »epikureisch« andeutet. Vielmehr vertrat er eine gemäßigte Askese und ein genügsames Leben, die »natürlichen und notwendigen« Bedürfnisse wie Essen, Trinken, Wärme sollten maßvoll gestillt werden, wobei man sich – wie bei den Buddhisten – von allem fernhalten sollte, was Leid verursachen kann. In seinem Brief an Menoikeus, einem kleinen Juwel, in dem er seine Lehre im Wesentlichen zusammenfasst, erklärt Epikur, worin seines Erachtens die »Glückseligkeit« besteht, nämlich in einem Leben ohne Leid und mit voller »Seelengesundheit«: »Wenn wir also die Lust als das Endziel hinstellen, so meinen wir damit nicht die Lüste der Schlemmer und solche, die in nichts als dem Genusse selbst bestehen.« Weiter heißt es: »Denn nicht Trinkgelage mit daran sich anschließenden tollen Umzügen machen das lustvolle Leben aus, auch nicht der Umgang mit schönen Knaben und Weibern, auch nicht der Genuss von Fischen und sonstigen Herrlichkeiten, die eine prunkvolle Tafel bietet, sondern eine nüchterne Verständigkeit, die sorgfältig den Gründen für Wählen und Meiden in jedem Falle nachgeht.« Wie alle

Weisen der Antike verbindet also auch Epikur das Glück mit der Tugend und erklärt, »dass ein lustvolles Leben nicht möglich ist ohne ein einsichtsvolles und sittliches und gerechtes Leben (…). Denn die Tugenden sind mit dem lustvollen Leben auf das engste verwachsen, und das lustvolle Leben ist von ihnen untrennbar.«[7]

Es ist eminent wichtig, sich bewusst zu machen, dass wahres Glück keine Frage von Besitz ist: Schon mit ganz wenig können wir glücklich sein. Ich selbst habe in meinem Leben ganz unterschiedliche Phasen erlebt. Ich kannte die Armut, als ich ein paar Jahre zurückgezogen in einer religiösen Gemeinschaft lebte. Vor diesem Schritt hatte ich alles verschenkt, was ich besaß, sogar meine Platten und meine Bücher, obwohl sie mir viel bedeuteten. Ich besaß nichts mehr, aber in dieser totalen Besitzlosigkeit war ich frei und glücklich. Später habe ich materiell schwierige Zeiten durchlebt. Ich hatte ein kleines Einkommen, wohnte in Paris und wusste die gelegentliche Hilfe meiner Eltern oder von Freunden sehr zu schätzen, dank derer ich zeitweilige Engpässe überbrücken konnte und zum Beispiel nicht aus meiner Einzimmerwohnung ausziehen musste. Heute verdiene ich gut. Dieser materielle Wohlstand macht mich nicht mehr und nicht weniger glücklich als vorher. Zwar bin ich jetzt beruflich völlig unabhängig und kann in einer schönen Umgebung leben, die der Reflexion und dem Schreiben sehr förderlich ist. Aber die äußeren Merkmale des Reichtums sind mir absolut gleichgültig.

Heute wie gestern hängt mein Glück an ganz anderen Dingen als an materiellen Gütern: daran, mich selbst verwirklichen zu können und eine harmonische Beziehung zu anderen zu pflegen; an der Freiheit, jeden Morgen bei Musik von Bach nachdenken und schreiben zu können, während mich meine schwarze Katze schnurrend aus den Augenwinkeln mustert. Daran, auf einem Waldspaziergang oder bei einer Partie Fußball mit fröhlichen Kumpeln entspannen zu können. Wie Diogenes von Sinope so treffend formulierte: »Das Wertvolle, sagte er, bekäme man auf dem Markte um einen Spottpreis, und umgekehrt.«[8]

Ein Gutteil meines Einkommens geht an die Steuer, und das ist gut so. Obwohl ich mich manchmal über die Verschwendung öffentlicher Gelder ärgere, bin ich stolz, in Frankreich zu leben, wo es eine allgemeine Krankenversicherung gibt, einen Mindestlohn für die Ärmsten, Arbeitslosengeld, öffentliche Unterstützung für Alte, Familien, mittellose Studenten, Behinderte. Wer bereitwillig hohe Steuern zahlt, wenn er viel verdient, macht schon den ersten Schritt des Teilens. Und deshalb möchte ich, anders als manche Schriftstellerkollegen, nicht in Irland, Belgien oder Andalusien leben. Außerdem lebt es sich so gut in Frankreich!

15

FESTHALTEN UND LOSLASSEN

Einer der Dreh- und Angelpunkte für ein »gutes Leben« ist also das Nicht-Festhalten an den Dingen. Natürlich ist es für jeden von uns wichtig, ein Dach über dem Kopf zu haben, uns jeden Tag satt essen zu können. Aber abgesehen davon beruhen Glück und Unglück vor allem auf anderen Faktoren: Liebe, Freiheit, Gesundheit, Selbstbeherrschung. Wir müssen also lernen, das Leben zu nehmen, wie es kommt, mit seinen Höhen und Tiefen: den üppigen Zeiten, in denen wir manchmal überflüssige Annehmlichkeiten genießen, und den schwierigeren Zeiten, in denen wir es für grundsätzlichere Freuden schätzen. Die buddhistische Philosophie mit ihrer Vorstellung, dass nichts von Dauer ist, dass alles sich verändert, alles in Bewegung ist, scheint mir hier sehr treffend. Sie begründet eine Philosophie des »Loslassens«: Wir dürfen nicht an dem »anhaften«, was nicht von Dauer ist. Wir können an einem Tag bei bester Gesundheit und am nächsten Tag krank sein; heute reich, morgen arm; heute bekannt und beliebt, morgen verhasst und verunglimpft. Nichts und niemand kann dauerhaftes Ansehen, dauerhaften Reichtum garantieren. Übrigens findet sich die buddhistische Philosophie des Loslassens auch in allen wichtigen philosophischen Strömungen der Antike; in den vorigen Kapiteln habe ich ja bereits die Epikureer und die Stoiker zitiert, außerdem aus der Lehre aller großen

Religionen, die zwar Besitz und Sinnenfreude nicht verurteilen, wohl aber das sture Festhalten an Besitz und Geld. Jesus selbst war zwar eine Art Landstreicher ohne festen Wohnsitz, manche seiner Jünger aber durchaus relativ wohlhabend, etwa Martha, Lazarus und Maria von Bethanien. Er verlangt nicht von ihnen, auf ihren Besitz zu verzichten, aber immer verlangt er, sich am Geld nicht festzuklammern: »Niemand kann zwei Herren dienen: Entweder er wird den einen hassen und den andern lieben oder er wird an dem einen hängen und den andern verachten. Ihr könnt nicht Gott dienen und dem Mammon.«[1]

Das Loslassen folgt einer Philosophie, die nicht etwa Askese predigt und auch das Materielle nicht grundsätzlich verachtet, sondern lediglich das blinde Festhalten daran ablehnt. Es ist ganz natürlich, sich an materiellem Komfort zu freuen, über ein Haus, einen Computer und ein funktionierendes Auto, über Reisen und die Möglichkeit, sich bestimmte Genüsse zu leisten. Wesentlich dabei ist es, wachsam zu bleiben, nicht der Versuchung nachzugeben, sich an all diese Dinge zu binden; sie sind uns von Nutzen, doch wenn wir sie verlieren, dürfen wir weder verzweifeln noch in der Seele getroffen sein. Schließlich sind wir nicht ihre Sklaven ... obwohl wir ihnen durchaus Respekt schuldig sind. Es geht nicht an, sein Haus verkommen zu lassen, einen Garten zu besitzen und nicht zu jäten. Übrigens ist eine Verachtung des Materiellen häufig mit der genauso bedauerlichen Verachtung des eigenen Körpers verknüpft. Dem Vergänglichen nicht anzuhaften heißt nicht, den Körper und alles Materielle zu hassen oder zu verachten, wie es in manchen asketischen religiösen Strömungen vorkommt. Wie gesagt, seinen Körper im rechten Maß zu lieben und zu pflegen, ist Teil des geistlichen Lebens und trägt zu seiner Entfaltung bei. Und die Umwelt zu lieben, ihr ein bisschen Zeit zu widmen, um sie zu verschönern, gehört in dieselbe Kategorie. Doch noch einmal, immer mit der nötigen Distanz, um nicht zum Sklaven des Körpers, unserer Leidenschaften oder unseres Lebensraums zu werden.

Ich bejahe also die buddhistische Philosophie des Loslassens, was materielle Dinge anbelangt, nur die Ausdehnung dieses Gedankens auf Menschen kann mich nicht überzeugen. Buddha predigt nämlich auch das Loslassen gegenüber allen Mitmenschen, einschließlich derer, die uns am nächsten stehen – Eltern, Partner und Kinder. Wie das gesamte Universum, so Buddha, unterliegen auch sie dem Gesetz des Vergänglichen: Eines Tages werden sie gehen, sterben, sich von uns lösen, und das wird uns wehtun. Der Buddhismus versteht sich als Mittel gegen alles Leid, das aus dem Anhaften entsteht. In diesem Sinn hat Buddha ganz recht: Wer allem Leid aus dem Weg gehen will, sollte sich lieber an überhaupt niemanden binden. Was aber wird dann aus den Erfahrungen der Liebe und der Freundschaft, die doch für unsere Selbstentfaltung ganz wesentlich sind? Wenn sie keine Liebe gibt und empfängt, verkümmert unsere Seele. Und ich glaube nicht, dass wir lieben können, ohne festzuhalten. Dass wir lieben und es gleichgültig hinnehmen können, wenn der geliebte Mensch stirbt. Sicher kann man alles Lebende aus einem Mitgefühl lieben, aber man kann keine persönliche Beziehung eingehen, jemand Bestimmten wirklich lieben und ihn gleichzeitig ganz und gar loslassen. Ich habe übrigens buddhistische Mönche erlebt, die seit zwanzig oder dreißig Jahren meditierten und beim Tod ihres geistigen Führers heiße Tränen vergossen. Ja, sie hatten sich von ihrer Familie entfernt, hatten weder Frau noch Kinder, aber ihr Meister war alles für sie. Sie hatten sich so an ihn gehängt wie an eine Mutter, einen Vater, einen Partner. Diese Mönche kannten die Botschaft Buddhas genau und setzten sie auch um, aber sie litten unter dem Tod ihres Meisters wie jeder, der einen geliebten Menschen verliert. Das beweist doch die Grenzen der Theorie – und das ist auch gut so, denn um ganz Mensch zu sein, bindet der Mensch sich von Natur aus an seine Mitmenschen, er knüpft tief reichende, starke emotionale Bande mit ihnen. Auch Jesus ist keine Ausnahme zu diesem allgemeinen Gesetz. »Herr, siehe, der, den du lieb hast, liegt krank«, berichten ihm seine Jünger über Lazarus. Er lässt alles liegen, eilt an sein Bett und muss erfahren, dass Lazarus bereits tot ist. »Und Jesus gingen die Augen über«, heißt es im Evangelium, er weint nicht eine Träne, sondern alle Tränen, die er im Leibe hat, dann »ergrimmte er im Geist« und »ergrimmte abermals«, bevor er sichtlich ergriffen dem Toten befiehlt: »Lazarus, komm heraus!«[2]

Diese Fähigkeit, sich an geliebte Menschen zu binden, ist nach buddhistischem Verständnis vielleicht eine Schwäche, aber zugleich macht sie doch die Schönheit des Menschen aus. Wir sind keine Götter, und wir sind keine Maschinen. Übrigens kann sich diese Zuneigung durchaus auch auf Tiere beziehen, die uns nahestehen. Ich war sehr unglücklich, als mein Hund Gustave starb. Ich hatte ihn aus dem Tierheim geholt, als er ein Jahr alt war. Acht Jahre lang folgte er mir praktisch auf Schritt und Tritt. Und als er in meinen Armen starb, im Garten meines Wochenendhauses, brach mir das Herz, als hätte ich einen meiner besten Freunde verloren. Natürlich habe ich noch andere schmerzliche Verluste erlebt, wenn Verwandte oder Freunde gestorben sind, aber ich habe nie gefunden, dass das ein Grund wäre, nicht mehr zu lieben, mich nicht mehr zu binden. Das Leid über den Verlust geliebter Wesen gehört zum Leben, das müssen wir akzeptieren. Die Verzweiflung beim Bruch oder bei der Trauer ist der Preis, den wir für die Liebe zahlen müssen. Es ist ein hoher Preis, aber es scheint mir notwendig, ihn bewusst zu akzeptieren, um voll und ganz leben zu können.

16

DIE WIDRIGKEIT ALS SPIRITUELLER LEHRMEISTER

In den modernen Gesellschaften herrscht ein neuer Kult: der Kult der Leistung, des Erfolgs und des Gewinnens. Gemäß dieser Ideologie müssen wir auf allen Gebieten erfolgreich sein, und die Medien verbreiten ständig Bilder von den »Gewinnern«, die als nachahmenswerte Vorbilder präsentiert werden. Misserfolg ist verschrien und daher schwer auszuhalten. Alle, also Familie, Schule, Gesellschaft, sagen uns von frühester Kindheit an, dass wir nicht scheitern dürfen. Und so liegt auf jedem von uns ein fürchterlicher Druck.

Dieser Kult ist das Erbe der modernen Idee von der Selbstverwirklichung, die zwischen dem 18. und 19. Jahrhundert in Europa aufkam. Stark vorangetrieben wurde die Vorstellung von der Aufklärung und ihrem Willen, den Menschen vom Joch der Religion zu befreien, bis dahin der einzigen Ordnungsmacht in der Gesellschaft, und zugleich aus dem Gefängnis einer sozialen Verkrustung, die ihm von Geburt an auferlegt war. Der unerschütterlich geltenden Ordnung, in der jeder seine Rolle einzunehmen und sich darin nützlich zu erweisen hatte (ein Matrose musste ein guter Matrose sein, ein Schuster ein guter Schuster, eine Hausfrau eine gute Hausfrau), setzte die Aufklärung die Begriffe von Veränderung und Fortschritt entgegen, also von ständiger individueller und kollektiver Weiterentwicklung hin zu Glück und Freiheit. Im Jahr 1780 erklärt Lessing in seiner *Erziehung des Menschengeschlechts*, Erziehung und Gebrauch der Vernunft könne den Menschen zu Vollkommenheit und in ein goldenes Zeitalter führen. Die Vorstellung von einem unausweichlichen Fortschritt wurde zum ideologischen Motor, und mit ihm setzte sich der Gedanke durch, dass jeder Einzelne sein Potenzial entwickeln muss, seine Fähigkeiten, Begabungen, seine Kreativität, und seinen eigenen Weg finden muss. »Was sagt dein Gewissen? – Du sollst der werden, der du bist.«[1], so sagt es Friedrich Nietzsche. Und das ist keine negative Vorstellung, sondern ganz im Gegenteil erlaubt sie jedem, von dem Weg abzuweichen, der ihm vorgezeichnet war, um sich selbst zu verwirklichen; ich gestehe, dass ich persönlich diesem Gedanken voll und ganz zustimme. Trotzdem mache ich mir Sorgen, wenn ich sehe, zu welchen Auswüchsen dieses Streben führt, sobald sich der Zwang zum Erfolg, zur Leistung, zur Selbstverwirklichung und zum Glück dazugesellt. In unseren Gesellschaften – ich möchte sie als hypermodern bezeichnen – ist das Ziel inzwischen unerreichbar geworden, und das Schlimmste dabei ist, dass es aber so dargestellt wurde, als sei es mit genügend Willenskraft für jedermann erreichbar.

Der Leistungskult nimmt heute unbarmherzige Züge an. Eine Scheidung oder der Verlust einer Arbeitsstelle werden als schlimmer persönlicher Misserfolg erlebt. Eine Frau muss heute eine perfekte Partnerin sein, eine perfekte Liebhaberin, eine stets verfügbare Mutter, und natürlich soll sie auch beruflich absolut vorn mitspielen. Der Druck steigt derart, dass viele im Fall des Scheiterns einen Zusammenbruch erleiden. Wie schon erwähnt ist eine Depression häufig die direkte oder indirekte Folge aus der Unfähigkeit, die Ziele zu erreichen, die die Gesellschaft uns in Sachen Leistung und Selbstverwirklichung vorgibt – und unter dem Einfluss der sozialen Codes tun wir das übrigens auch ganz von allein.

Da ist es unerlässlich, den Blickwinkel zu verändern. Es ist an der Zeit zuzugeben, dass Misserfolg nicht nur kein Drama ist, sondern sehr häufig sogar zum positiven Wendepunkt werden kann. Sein erster Trumpf, der keinesfalls zu unterschätzen ist, liegt darin, dass er uns dem Leben gegenüber demütig werden lässt. Er zwingt uns zu akzeptieren, dass das Leben so ist, wie es ist, und nicht so, wie wir es gerne hätten. Wirkliches Leid, so sagte ich bereits in der Nachfolge stoischer, aber auch taoistischer Philosophen, entsteht aus dem Widerstand gegen Veränderungen, gegen die Bewegung des Lebens, gegen seinen Fluss. Also freuen wir uns an den Höhen; und wenn wir an den Tiefen angelangt sind, sollten wir sie akzeptieren und als Sprungbrett nutzen. In diesem Sinne betrachte ich unsere Misserfolge als spirituellen Meister, als Führer, der uns hilft, unseren Kurs richtig auszurichten. Widrigkeiten entsprechen dem Gesetz des Lebens, und ich glaube, wenn sie auftreten, ist das im Augenblick natürlich unangenehm, für unseren Weg insgesamt aber trotzdem unerlässlich. Damit sie uns aber wirklich führen können, müssen wir sie aus einem anderen Blickwinkel betrachten. Statt jedes Scheitern als Drama zu erleben, sollten wir es als Gelegenheit zum Aufwachen verstehen, zur Bewusstmachung. Versuchen wir, Lehren daraus zu ziehen, statt unsere Energie darauf zu verschwenden, immer wieder über Ursachen und Folgen nachzugrübeln.

Sehen wir es so: Die Schwierigkeit, der wir uns gegenübersehen, ist kein Drama, sondern eine Gelegenheit, über unser Leben nachzudenken und es anders anzupacken.

Auch ich selbst war besonders in beruflicher Hinsicht mit vielen Misserfolgen konfrontiert, und jedes Mal erwiesen sie sich als Gelegenheiten, voranzukommen und mich neu zu orientieren, bis ich schließlich wirklich meinen Weg gefunden hatte. Nach dem Abitur wollte ich an die Pariser politikwissenschaftliche Elitehochschule Sciences Po, scheiterte aber knapp an der Aufnahmeprüfung. Das brachte mich völlig aus der Fassung, und mir wurde bewusst, dass ich diesen Weg wohl eingeschlagen hatte, um es meinem Vater gleichzutun, der Sciences Po und danach noch die Kaderschmiede ENA absolviert hatte – dabei wollte ich im Grunde viel lieber Philosophie studieren. Ich habe mich also nicht weiter darauf versteift, noch einmal zur Aufnahmeprüfung an der Sciences Po anzutreten, wie es die meisten Bewerber tun, die beim ersten Mal abgelehnt wurden, und schrieb mich stattdessen an der Universität ein. Meine Studienjahre mit Philosophie und Soziologie waren ein einziges Glück, und bis heute verdanke ich ihnen den Grundstock an Fähigkeiten und Kenntnissen, die mir unendlich viel bedeuten. Mit vierundzwanzig Jahren fand ich eine Beschäftigung als Herausgeber einer Reihe in einem großen Pariser Verlag. Fünf Jahre später bot man mir eine sehr gute unbefristete Stelle an. Ich war begeistert, der Vertrag lag zur Unterschrift bereit. Und da traf sich der Verleger des Hauses zum Essen mit meinem Vater, den er kannte, weil er früher seine Bücher verlegt hatte. Während dieses Treffens dankte mein Vater ihm, dass er mir trotz meiner »Instabilität« und meiner »emotionalen Labilität« diese Stelle anbot. Sofort schwenkte der Verleger um und schlug mir vor, alles beim Alten zu belassen, was mich jetzt aber nicht mehr befriedigte. Zunächst war das ein enormer Schlag. Natürlich machte ich meinem Vater Vorwürfe, dem es überhaupt nicht bewusst war, wie sehr er da meine Karriere torpediert hatte. Im Lauf einer Psychoanalyse begriff ich wenig später, dass er sich in einer unbewussten Rivalität zu mir befand und mir einen paradoxen Auftrag erteilt hatte: Sei tüchtig, damit ich stolz auf dich sein kann, aber versuche mich nie zu übertreffen! Darauf beruhten seine Ungeschicklichkeit oder sein Lapsus gegenüber dem Verleger und auch andere Aussagen in diesem Sinn. Seit ich mich dank der therapeutischen Arbeit von seinem Urteil und der symbiotischen Bindung, die mich mit ihm verknüpfte, befreit habe, macht mir das nichts mehr aus und beeinflusst auch mein Leben nicht mehr. Aber kommen wir zurück zu diesem Scheitern. Mehrere Monate lang war ich sehr niedergeschlagen, und ich fragte mich, ob ich es nicht außerhalb des Verlagswesens versuchen sollte. Ich hatte bereits ein paar Bücher geschrieben, und nach reiflicher Überlegung war mir klar, dass nicht die Verlagsarbeit, sondern das Forschen und Schreiben mich wirklich begeisterten. Ich beschloss also, diesen Misserfolg positiv auszuleben, ganztags zu schreiben und eine Doktorarbeit zu beginnen. Ich hatte kein Büro mehr, keine Sekretärin, keine Visitenkarte, und mein Einkommen sank um die Hälfte. Mehrere Jahre lang kam ich nur knapp über die Runden. Doch bereut habe ich es nie. Persönlich bedeutete mir meine Promotionszeit enorm viel. Ich war frei, und nach und nach hatte ich mit meinen Büchern auch Erfolg.

Bis ich vom Schreiben leben konnte, erlebte ich allerdings

noch weitere berufliche Misserfolge, die mich schließlich dazu gebracht haben, sehr viel mehr loszulassen. Um mich finanziell über Wasser zu halten, habe ich einige Jahre lang für eine große Wochenzeitschrift gearbeitet, während ich in einem Institut der französischen Forschungsgesellschaft CNRS und der Hochschule EHESS philosophische und soziologische Forschung über Religion betrieb. Ich dachte mir also, es wäre gut für mich, eine feste Anstellung beim CNRS zu bekommen, um weiter schreiben zu können und zugleich beruflich und finanziell besser abgesichert zu sein. Trotz einer mit Auszeichnung bestandenen Promotion und einer umfangreichen Publikationsliste wurde ich abgelehnt, weil ich kein klassisches akademisches Profil vorweisen konnte – weil ich zu sehr mit der Medienwelt verwoben war! Ich begriff, dass ich gegen dieses typisch französische Vorurteil nichts würde ausrichten können. Und da der Vorwurf lautete, ich würde regelmäßig für die Medien arbeiten, versuchte ich es eben mit einer Bewerbung auf eine »echte« Stelle bei der Zeitschrift, die meine Artikel veröffentlichte. Erneut wurde ich abgelehnt – diesmal, weil mein Profil zu akademisch und nicht ausreichend journalistisch war! Diese beiden beruflichen Schlappen nacheinander machten mir sehr zu schaffen.

Ich versuchte diese absurde Situation irgendwie hinzunehmen, wusste aber nicht mehr recht, in welche Richtung ich mich beruflich orientieren sollte. Da begegnete ich einem ausländischen Romanautor. Er erkundigte sich kurz nach meinem Werdegang und fragte mich, wovon ich als Kind oder Jugendlicher geträumt hatte. Spontan antwortete ich: Schriftsteller oder Drehbuchautor zu werden. Da lächelte er: »Und worauf warten Sie noch?« Bei diesem Satz fiel es mir wie Schuppen von den Augen. Ein Jahr später lag mein erster Roman in den Buchhandlungen.

Wir alle werden irgendwann mit Krankheit konfrontiert. Auch wenn es vielleicht schwerfällt, uns das einzugestehen, so ist eine Krankheit doch häufig ein Warnsignal für ein Ungleichgewicht – und zwar nicht nur für ein körperliches, sondern in einem umfassenderen Sinn weist es auf etwas hin, was in unserem Leben aus dem Gleis ist. So gesehen sind die meisten Krankheiten psychosomatisch, auch wenn andere Faktoren mitspielen. Die Genetik hat erwiesen, dass für viele Krankheiten von Geburt an Veranlagungen bestehen. Nicht alle davon kommen zum Tragen, manchmal sogar gar keine. Ganz allgemein brechen Krankheiten nie zufällig aus: sondern immer dann, wenn wir in einer Situation sind, die uns nicht zusagt, wenn wir erschöpft sind oder mit uns selbst hadern. Manchmal, weil wir zu viel arbeiten und uns nicht genug Zeit zum Leben gönnen. Manchmal auch weil wir aufgehört haben zu arbeiten und »vergessen« haben, uns beizeiten ein Leben außerhalb des Berufs aufzubauen. Häufig auch, weil wir innerlich im Konflikt mit unseren Eltern oder anderen Menschen aus unserem Umfeld stehen und weil diese Konflikte uns zu schaffen machen, ohne dass uns das vollständig bewusst ist. Dann durchleben wir eine »Krise«.

Das Wort »Krise« kommt aus dem Griechischen: *Krísis* bedeutet Notwendigkeit, etwas zu erkennen und eine Entscheidung zu treffen. Ein Misserfolg, eine Depression oder eine Krankheit stellen Krisen dar, die uns sagen, dass wir in unserem Leben etwas verändern müssen, dass es an der Zeit ist, eine Entscheidung zu treffen, weil es so nicht mehr weitergehen kann. In diesem Sinn kann, wie bereits gesagt, eine Prüfung zum geistigen Lehrmeister werden, der uns anweist, zur Ruhe zu kommen, uns zu hinterfragen, uns neu auszurichten. Ich kenne mehrere Menschen, die, anders als ich, sehr schwere Krankheiten durchgestanden haben. Für sie alle brach anfangs die Welt zusammen, und dann beschlossen sie zu kämpfen. Ihr Kampf bestand nicht nur in der medizinischen Behandlung, sondern auch in psychologischen Bemühungen, in spirituellen Fragestellungen, in Phasen der Reflexion. Fast alle, die diese schwere Prüfung durchmachten, waren hinterher glücklicher als zuvor, stärker und ausgeglichener angesichts ihres neuen Lebens.

Genauso geht es in allen Bereichen des Lebens. Wer sich nicht entscheidet, wer die Dinge schleifen lässt, lässt damit ein Problem vor sich hinfaulen, das sich von alleine nicht lösen wird. Meistens warten wir, bis die Krise auf ihrem Höhepunkt ist, bevor wir eingreifen, und dieser Eingriff ist dann zwangsläufig schmerzhaft. Jede Krise, ob sie den Beruf, eine Beziehung oder die Gesundheit betrifft, muss eine Gelegenheit sein, uns vor allem diese Frage zu stellen: »Was muss ich verändern?«

Damit wir uns recht verstehen: Ich will hier kein Lob des Scheiterns verfassen, kein Lob der Krankheit oder des Leids. Für sich genommen sind alle drei kein Gut, sondern eine Realität. Natürlich rate ich niemandem, sie anzustreben; ich weiß, dass der Verlust einer Arbeitsstelle oder eines geliebten Menschen, dass eine schwere Krankheit Quell enormen Leids ist. Und doch stelle ich fest, dass diese Widrigkeiten Gelegenheit zum Fortschritt sein können, zum Wachsen, dass sie einem manche Scheuklappen nehmen können, sodass man das Leben aus einem anderen Blickwinkel betrachten kann. Hier lehne ich mich gegen den christlichen Dolorismus, also eine Mystifizierung von Leiden und Krankheit, auf, den ich für ein elementares Missverständnis der Botschaft der Evangelien halte. Jesus hat niemals ein Loblied auf das Leid gesungen, seinen Leidensweg ging er keineswegs aus Masochismus, sondern einfach aus tiefer Wahrheitstreue. Dabei lehnte er sich gegen diese schwere Prüfung durchaus auf: »Vater, willst du, so nimm diesen Kelch von mir«,[2] ruft er seinen Gott an und schwitzt dabei Blut, so verzweifelt ist er, kurz bevor ihn die Soldaten gefangen nehmen. Im Lauf der Kirchengeschichte überwog dagegen immer wieder die doloristische Deutung, die diese freiwillig aus Treue zur Wahrheit hingenommene Prüfung zum Opfer verkehrte, das notwendig war, um den Vater zu besänftigen. Generationen wurden so von einer Opfertheologie geprägt, aus der auch die Vorstellung entstanden ist, man müsse das Leid anstreben, um Christus treu und Gott gefällig zu sein. Die Selbstkasteiung wurde in den Himmel gelobt und wird es noch heute von manchen Leuten, die glauben, dass man leiden muss, um Gott zu lieben. Dabei ist das vollkommen abwegig. Vielmehr zeigt das Zeugnis Christi, genauso wie das des Sokrates, dass jede unerwünschte Prüfung zur Offenbarung von Liebe oder Wahrheit werden kann.

17

»HIER UND JETZT«

Die Zeit erscheint uns wie ein Pfeil, den ein rätselhafter Schütze abgeschossen hat. Egal, was wir tun: Die Sekunden vergehen – unwiederbringlich. Wir können diesen Pfeil weder aufhalten noch beschleunigen und erst recht nicht umlenken. Häufig kommt es vor, dass wir in unseren Erinnerungen wühlen, dass wir uns in die Vergangenheit zurückversetzen, aber uns auch in die Zukunft projizieren und uns vorstellen, was wir dann tun werden oder wie wir sein könnten. Das ist auch absolut verständlich. Freilich unter einer Bedingung: Diese beiden Tendenzen dürfen nicht überhandnehmen und weder unsere Aufmerksamkeit noch unsere Handlungsfähigkeit im gegenwärtigen Moment beeinträchtigen. In diesem Sinn ist ein rechtes Verhältnis zur Zeit unabdingbar, um sein Leben gut zu führen.

Alle Weisheitslehren der Welt erinnern daran: Die Gegenwart ist der einzige Punkt auf dem Zeitpfeil, an dem man handeln kann, der einzige kreative Moment. Wenn ich von Handlungen spreche, die man in der Gegenwart ausführen kann und muss, so meine ich dabei nicht nur die Arbeit, sondern auch die Betrachtung, die fruchtbare Passivität von Konzentration und Meditation. Doch viele Menschen haben ihre Probleme mit der Gegenwart, weil ihnen die Traumata der Vergangenheit zusetzen oder aber weil die Angst vor der Zukunft sie lähmt.

Mit seiner Vergangenheit gut abzuschließen, heißt nicht, sie zu vergessen. An ein Ereignis in seiner Geschichte wird der Einzelne sich immer erinnern, außer in Fällen von Krankheiten wie Altersdemenz oder Alzheimer. Aber es geht darum, störende Gefühle und Emotionen, die ein Ereignis begleitet haben, zu befrieden und zu beruhigen, denn wenn sie bis heute gegenwärtig sind, beeinflussen sie unsere Einstellung und unser Verhalten negativ. Es ist bekannt, welch schlimme Folgen die Verdrängung manchmal auf das psychische Gleichgewicht und die Entfaltung einer Persönlichkeit haben kann. Mit seiner Vergangenheit abzuschließen heißt, sich zwar daran zu erinnern und mit der Erinnerung zu leben, sie aber nicht immer wieder neu zu durchleben; was übrigens für gute und schlechte Erinnerungen gleichermaßen gilt. Besonders sollten wir uns vor Schuldgefühlen hüten, vor dem »Hätte ich doch«. Wir haben alle Fehler gemacht und werden auch wieder welche machen. Es ist legitim, sie zu bereuen. Es ist sogar notwendig, sie als solche anzuerkennen, um daraus zu lernen und sie nicht zu wiederholen. Doch da man einen Fehler nachträglich nicht mehr korrigieren kann, da das Gesetz des Lebens und des Universums es verbietet, in der Zeit zurückzugehen, um an der Kreuzung, an der man sich verlaufen hat, eine andere Richtung einzuschlagen, ist es nutzlos, Trübsal zu blasen. Es bringt gar nichts zu denken: Wären wir nur an diesem Tag um die und die Uhrzeit nicht ins Auto gestiegen, dann hätten wir diesen Unfall nicht gehabt. Der Unfall ist passiert, die Folgen waren vielleicht dramatisch, aber sie sind Fakt, und wir können sie nur noch zur Kenntnis nehmen. Haben wir einen Fehler gemacht? Schuldgefühle sind Gift für den Geist, und zudem hindern sie uns, im Jetzt die nötigen

Kräfte zu mobilisieren, um uns zu verändern und in unserer Entwicklung voranzukommen.

Von solchen Gewissensbissen abgesehen kann es auch passieren, dass wir uns zu Geiseln von Groll oder Hass machen lassen, weil wir jemandem ein vergangenes Ereignis übel nehmen. Der Groll macht uns bitter, aggressiv, und ebenso wie Schuldgefühle hindert er uns, wirklich konstruktiv zu werden oder unser Leben neu aufzubauen – das Leben aber findet immer in der Gegenwart statt. Am besten leuchtet das am Beispiel eines Paares ein, das sich nach einer Trennung neu zusammenfindet: Solange wir noch wütend sind auf den Menschen, der uns verlassen hat oder den wir verlassen haben – ganz egal, welches Unrecht er uns angetan hat –, solange können wir kein gesundes, harmonisches Verhältnis zu einem anderen Menschen aufbauen.

Auf keinen Fall unterschätze ich die Traumata, die wir womöglich erfahren haben, die Verletzungen, die nicht von eigenen Irrtümern herrühren, sondern die uns von außen zugefügt wurden, die schreienden Ungerechtigkeiten, deren Opfer wir womöglich geworden sind. Wir alle tragen unser Päckchen Leid mit uns herum, manchmal ist es schweres Leid, aber mit der Zeit müssen wir lernen, die Wunden zu schließen, und versuchen, sie zu heilen und darüber hinwegzukommen. Das ist nicht einfach, und häufig brauchen wir dazu Hilfe von außen. Zum Glück gibt es die verschiedensten Therapietechniken, die alle das gleiche Ziel haben: uns mit uns selbst und unserer Vergangenheit auszusöhnen. Das bedeutet auf keinen Fall, sie zu vergessen; vielmehr sollen die verdrängten Ereignisse aus dem Unterbewusstsein hervorgeholt werden, damit sie sich nicht mit noch schlimmeren Folgen selbst ihren Weg nach oben bahnen, insbesondere in der unbewussten Wiederholung des Misserfolgs oder durch den Ausbruch einer Krankheit.

Manche Methoden gibt es schon seit sehr langer Zeit. Ich denke da vor allem an die buddhistischen oder indischen Techniken, die lehren, durch Visualisierung traumatische Erlebnisse ans Licht zu holen und sie zu »bearbeiten«, um sie schließlich überwinden zu können: etwa indem wir Liebe, Frieden oder Vergebung an die Stelle von Hass, Traurigkeit oder Groll setzen. Andere Methoden, etwa die Psychoanalyse, erfordern viel Zeit und sind auf die Bewusstmachung und die Befreiung durch das Wort ausgerichtet. Es gibt aber auch modernere Methoden, die dasselbe Ziel verfolgen, nämlich kognitive Psychotherapien, psycho-emotionale Therapien wie die Gestalttherapie oder Techniken, die auf positivem Denken beruhen, etwa Sophrologie oder Hypnose. Wenn wir in Phobien, Ängsten, psychosomatischen Krankheiten oder wiederholten Szenarien des Scheiterns gefangen sind, ist eine Therapie unabdingbar, egal für welche Methode man sich entscheidet. Ich selbst wies mehrere dieser Symptome auf, und ich brauchte jahrelang verschiedene Therapien, bis ich mich endlich von der Last der Vergangenheit befreit fühlte. Einige Spuren sind noch immer übrig, aber all das lähmt nicht mehr mein Leben, wie es früher der Fall war.

Einige Psychoanalytiker und Psychiater, darunter insbesondere der Engländer John Bowlby und der Franzose Boris Cyrulnik, haben die Idee der Resilienz in den Vordergrund gestellt, die ich bereits erwähnt habe. Der Begriff ist aus der Physik entlehnt und bezeichnet die Widerstandskraft von Materialien gegenüber einer Erschütterung. Die lateinische Wurzel *resilio* bedeutet wörtlich »zurückspringen«. Diese Bedeutung – »abprallen«, ohne seine Form zu verändern – übernahmen die Humanwissenschaften für die Fähigkeit unserer Psyche, nach einem Trauma zu ihrer »Form« zurückzukehren, also aus der Depression herauszufinden, um eine positive Entwicklung zu nehmen, um »abzuprallen« und weiter voranzukommen; das Trauma selbst dient dabei als Sprungbrett. Im Grunde ist Resilienz der Prozess, über den wir, so Boris Cyrulnik, »den Schmerz verwandeln«. Das ist eines der rätselhaften Gesetze des Lebens: Eine Wunde, ein Schmerz, ein Misserfolg wird zur Gelegenheit, zu den inneren Triebfedern vorzudringen, zu ungeahnten Kräften, um sich am Ende mit mehr Willenskraft, mehr Eifer, mehr Ehrgeiz konstruktiv weiterzuentwickeln. Der Schmerz gibt unserer Gegenwart Sinn, früherer Misserfolg wird zu einem Führer, auf den man sich stützt, um voranzukommen, den Erfolgen der Zukunft entgegen.

Ich kann das auch selbst bezeugen. Mit 36 Jahren, als ich gerade die berufliche Misserfolgsserie durchmachte, die ich im vorigen Kapitel beschrieben habe, hatte ich einmal einen erstaunlichen Traum. Ich befand mich in der Lokomotive eines Dampfzugs. Mein Vater war der Lokführer, und ich schaufelte die Kohle in den Kessel. Ich unterstand seinen Befehlen, und er schrie mich unaufhörlich an. Der Zug kam nur mühsam voran und drohte jeden Moment zu entgleisen. Ich war sehr unglücklich und voller Angst. Und dann war plötzlich alles anders. Mein Vater war verschwunden. Stattdessen saß ich an den Schalthebeln … eines TGV! Ich fuhr mit über 400 km/h durch Felder voller Blumen und Getreide. Ich strahlte, fühlte mich innerlich stark und erfüllt. Als ich aufwachte, fiel mir ein, dass ich an diesem Tag meinen ersten Termin bei der Gestalttherapie hatte. Diese Therapie habe ich dann drei Jahre lang verfolgt, und sie hatte entscheidenden Anteil an der Lösung der Neurose, die mit meinem Vater zusammenhing. Später begriff ich, dass diese Neurose – so schmerzlich sie war – ein Sprungbrett war, um weiter voranzukommen: Aus einer Dampflok stieg ich tatsächlich in den TGV um. Hätte mich nicht diese schwierige, chaotische Beziehung ins Leben gestoßen, dann hätte ich vielleicht niemals tief in mir selbst nach den Kräften gesucht, die ich brauchte, um zu wachsen, um mich von einer negativen inneren Bindung zu befreien: Ich hätte mich nie voll entwickeln und ausdrücken können. Und ich hätte es auch nicht geschafft, die positive, harmonische Beziehung aufzubauen, die ich heute zu meinem Vater habe.

Statt Gewissensbisse zu haben und alles ständig neu aufzuwärmen, sollten wir unsere Vergangenheit, so unerträglich sie auch sein mag, also lieber positiv betrachten: Sie kann eine Chance sein, um in unserer Selbstfindung und in unserem Leben noch weiter voranzukommen.

Nicht nur die Vergangenheit kann unser Leben vergiften: Auch die Zukunft kann uns lähmen. Wir haben alle die Neigung, uns in die Zukunft zu versetzen, und eine zunächst einmal positive Möglichkeit dazu ist der Traum: Wir träumen von dem Haus, das wir uns wünschen, von dem Beruf, den wir ausüben möchten, von der Familie, die wir einmal gründen wollen. Das kann uns beim Träumen glücklich machen, aber manche Menschen lassen sich von ihrer Fantasie so weit forttragen, dass sie darüber die Gegenwart vergessen. Anders gesagt, sie tun nichts dafür, dass diese Träume wahr werden.

Mit dieser Schwäche habe ich lange gelebt. Wie gesagt träumte ich von Kindheit an davon, Romane oder Drehbücher zu schreiben, und immer, wenn ich einen guten Roman las oder einen guten Film sah, stellte ich mir vor, wie auch ich Geschichten erzählte, die andere Menschen bewegten. Aber abgesehen von einem kurzen Aufsatz mit elf Jahren brachte ich nichts zu Papier. Ich schritt nicht zur Tat, weil ich nicht genug Selbstvertrauen hatte, und wahrscheinlich auch, weil mir diese imaginären Vorhaben eine kleine Portion Vergnügen verschafften und mich hinderten, aktiv zu werden. Also fing ich wieder zu träumen an. Über die Jahre hinweg merkte ich, dass sich in meinem Leben nichts verändert hatte. Ich war immer unglücklicher über dieses Auseinanderklaffen von Traum und Wirklichkeit. Ich brauchte einen Auslöser, von dem ich im vorigen Kapitel erzählt habe, um aktiv zu werden. Träumen muss man, aber wir brauchen auch ein Misstrauen gegenüber Träumen, die fast schon die Wirklichkeit ersetzen und uns lähmen können, weil sie uns in unserer Fantasie festhalten und uns in süßen Illusionen wiegen.

Andere Projektionen können zur Blockade führen: Angst zum Beispiel. Es ist ganz normal, sich um den nächsten Tag zu sorgen, vorausschend zu handeln, mögliche Hindernisse in Betracht zu ziehen, statt naiv oder beseelt optimistisch zu sein. Verhängnisvoll aber ist die Angst vor der Zukunft, wenn wir überall nur noch Misserfolge erwarten und uns ganz zum Scheitern verurteilt sehen. Diese Angst ist manchmal so übermächtig, dass sie uns in der Gegenwart unglücklich macht. Da ist der Student, der sich aufs Examen vorbereitet und schon sicher ist, dass er durchfällt; der Berufsanfänger, der schon lange vor dem Vorstellungsgespräch sicher ist, dass seine Bewerbung abgelehnt wird; der Verliebte, der überzeugt ist, dass die Angebetete ihm einen Korb geben wird. Diese Haltung verhindert jegliche Freude an der Gegenwart, weil man schon ganz in der Angst vor dem nächsten Tag gefangen ist, so wie sie bei anderen Menschen durch die Schuldgefühle aus der Vergangenheit vergiftet ist. Negatives Denken erhöht die Wahrscheinlichkeit, dass das befürchtete Ereignis auch eintritt. Wer sicher ist, beim Vorstellungsgespräch zu scheitern, wird sich so verkrampft verhalten, dass die Bewerbung wahrscheinlich abgelehnt wird. Das zeigt auch die Geschichte des Autofahrers, der mitten auf dem Land merkt, dass er einen Platten und keinen Wagenheber hat. Das nächste Dorf ist fünf Kilometer weit weg, die Sonne brennt vom Himmel, und nachdem er vergeblich auf Hilfe gewartet hat, macht er sich zu Fuß auf den Weg. Unterwegs hofft er eine Werkstatt zu finden, wo man ihm einen Wagenheber leihen kann, doch dann malt er sich aus, dass man ihm das womöglich verweigern könnte. Je weiter er kommt, desto düsterer werden seine Gedanken, und als er endlich im Dorf ist und die Werkstatt findet, ist er von der fehlenden Hilfsbereitschaft des Automechanikers derart überzeugt, dass er ihm mit Zornesröte im Gesicht entgegenschleudert: »Wissen Sie, wohin Sie sich Ihren verdammten Wagenheber stecken können?«

Die Art und Weise, in der man sich ein künftiges Ereignis ausmalt, wie man sich seinen Ablauf vorstellt, kann das betreffende Ereignis wirklich beeinflussen. Wenn wir zu unserem Vorstellungsgespräch kommen, nachdem wir uns einen positiven Verlauf ausgemalt haben, sind wir zuversichtlich und in bester Form, um es so anzustellen, dass dieses Gespräch auch wirklich zu unseren Gunsten verläuft.

Diese Macht des positiven Denkens findet besonders im Bereich des Sports Beachtung. Die meisten Hochleistungssportler praktizieren Techniken der positiven Visualisierung: Sie »sehen« sich gewinnen, und es ist erwiesen, dass dieses »Sehen« ihnen tatsächlich höhere Gewinnchancen eröffnet.

Ich persönlich gehöre zu denen, die eher zum Träumen neigen als dazu, sich um die Zukunft zu viel Sorgen zu machen. Wie jedermann passiert es aber auch mir, ins negative Denken zu verfallen. Ich habe aber dank Meditation und Sophrologie gelernt, darauf sofort zu reagieren, denn ich habe zu diesem Zweck an mir selbst gearbeitet. Zum Beispiel habe ich vor einem Fernsehauftritt immer Lampenfieber. Inzwischen schotte ich mich vor jeder Sendung eine Zeitlang ab und versuche, mich als entspannt und locker zu visualisieren. Diese psychologische Vorbereitung ist häufig sehr wirksam. Auch fliege ich nicht gerne, und wenn ich irgend kann, nehme ich lieber den Zug als das Flugzeug. Bei sehr weiten Strecken habe ich aber keine Wahl: Dann visualisiere ich vor dem Abflug, wie ich gut lande, und so kann ich ins Flugzeug steigen, auch wenn ich mich immer noch überwinden muss.

Um in der Wahrheit und in der Freude am gegenwärtigen Augenblick zu leben, müssen wir uns innerlich vom Geist der Vergangenheit und der Zukunft befreien, von unseren Gewissensbissen, unseren Befürchtungen, Ängsten und unseren Träumen – wir müssen also den Weisheitsspruch aus dem 2. Jahrhundert von Marc Aurel umsetzen, des von der stoischen Philosophie durchdrungenen römischen Kaisers: »Lass dich nicht durch die Vorstellung deines Lebens in seiner Gesamtheit entmutigen!«[1] Die Stoiker hatten als Grundhaltung des Lebens die – im Griechischen so bezeichnete – *prosoché* gepredigt, also eine auf den Augenblick gerichtete Wachsamkeit, die Konzentration auf den gegenwärtigen Moment ohne Bindungen an Vergangenheit oder Zukunft, die nur vergebliche, schädliche Leidenschaften hervorbringen. Sie betonten den grenzenlosen Wert des gegenwärtigen Augenblicks, des »Hier und Jetzt«, des einzigen Moments, auf den man einwirken und in dem man handeln kann. Im 1. Jahrhundert unserer Zeitrechnung stellte der römische Dichter Horaz eine Devise auf, die nach wie vor berühmt ist: »Carpe diem«, wörtlich »pflücke den Tag«, gern freier wiedergegeben als »genieße den heutigen Tag«. Zwei der bekanntesten Verse seiner *Oden* lauten: »Mitten im Wort läuft uns die neidische Zeit weg. Nütze den Tag (*carpe diem*) und traue ja nicht auf den folgenden!«[2]

Nur der gegenwärtige Moment ist schöpferisch; nur im »Hier und Jetzt« können wir das Leben wirklich genießen, also wahre Freude empfinden. Und die ist weder eine Erinnerung an Vergangenes noch ein Traum von der Zukunft – zwar kann beides schöne Empfindungen auslösen, aber keine wahre Freude. Im Augenblick rühren wir an die Ewigkeit, weil es dann keine lineare Zeitlichkeit gibt, nur ewige Gegenwart. Indem wir sie voll ausleben, können wir vielleicht begreifen, wie das ewige Glück aussehen könnte, von dem die großen Religionen sprechen: ewige Heiterkeit, Harmonie, Frieden, Versöhnung mit sich selbst und mit der Welt. Der buddhistische Meister Thich Nhat Hanh nennt das die Fülle des Augenblicks, eine Gnade, die er noch in den kleinsten Gesten wiederfindet, in denen, die wir meistens nebenbei ausführen, wenn wir an etwas ganz anderes denken. Also, erklärt er, »genießen Sie die Gegenwart – etwa wenn Sie sich eine Tasse Tee machen! Nehmen Sie die Tasse achtsam in die Hand und lächeln Sie dabei. Sie sind mit den Wundern des Lebens in Berührung.«[3]

18

DEN TOD BEZÄHMEN

Echte Heiterkeit und innerer Frieden lassen sich, das habe ich in diesem Buch dargestellt, nur unter der Bedingung erlangen, dass wir die Grundgegebenheiten des Lebens hinnehmen. Zum Leben »Ja« zu sagen heißt, das Unausweichliche bejahen, das also, worauf wir ohnehin keinerlei Einfluss haben. Am unausweichlichsten aber ist der Tod. Und egal, wie viel Liebe wir diesem Leben entgegenbringen, so haben wir doch die Gewissheit, dass wir eines Tages nicht mehr sein werden, zumindest nicht in diesem Körper. Theoretisch wissen wir das. Nur wenige aber können diesen Gedanken wirklich annehmen. Bei Freud heißt es, unser eigener Tod ist uns wahrhaft »unvorstellbar«, und wir leben, als wären wir unsterblich.

Die Angst vor dem Tod hat die ersten Menschen vor etwa hunderttausend Jahren dazu gebracht, Gräber auszuheben, sie allmählich mit Werkzeugen, Opfergaben und Gewändern auszustatten, um den Verstorbenen in die andere Welt zu geleiten. Dieses Bewusstsein von der Endlichkeit und die Hoffnung, sie möge nicht endgültig sein, unterscheidet den Menschen grundsätzlich von den anderen Lebewesen. In unserer westlichen Kultur, die vom jüdisch-christlichen Denken geprägt ist, gab es eine Zeit, in der es uns leichter fiel, den Tod zu akzeptieren, weil uns so glaubhaft versichert wurde, dass er nur ein Tor zu einem anderen Leben im Jenseits sei. Wir lebten in der Hoffnung, dass die auferlegte Trennung nur vorübergehend sei. Heute hat der Skeptizismus den Glauben überflügelt, und damit ist die Todesangst wieder aufgekommen; und sie wirkt umso heftiger, als wir den Tod als absolutes Ende sehen, als totales Aus. Um uns dagegen zu wappnen, haben wir den Tod ins Abseits geschoben, den eigenen und den der anderen: Er ist heute eines unserer letzten Tabus.

Der Glaube an ein Jenseits ist andernorts noch stark vorhanden, insbesondere in den orientalischen Kulturen, wo Seelenwanderung und Reinkarnation als objektive Tatsache gelten und weithin Anerkennung finden. Für die Gläubigen, also die überwältigende Mehrheit dieser Völker, ist der Tod kein Ende, sondern er gehört zum Leben und ist nur ein Übergang innerhalb einer zyklischen Zeit. Der Filmemacher Arnaud Desjardins machte mich in diesem Zusammenhang einmal sehr treffend auf den wesentlichen Unterschied zwischen West und Ost aufmerksam: Als Gegenstück zum Tod nennt ein Bewohner des Westens spontan das Leben. Ein Bewohner des Fernen Ostens nennt dagegen das Wort »Geburt«: Für ihn sind Geburt und Tod zwei Momente des geistigen Lebens, das vor der Geburt beginnt und nach dem Tod weitergeht. Nur der Körper verschwindet. Wie beruhigend ist doch dieser Glaube, selbst wenn die beiden Übergänge nicht leicht zu bewerkstelligen sind und eine Vorbereitung erfordern, für die die spirituellen Wege Asiens als Anleitung erdacht wurden.

Zwar verheißen die Monotheismen, dass der Tod kein endgültiges Ende darstellt, doch sie begreifen die Zeit als linear und nicht als zyklisch, sodass die beängstigenden metaphysischen Begriffe von Anfang und Ende im Raum stehen. Übrigens wird über das künftige Leben, das sie postulieren, nicht viel gesagt. Ich kenne Gläubige, die große Angst vor dem Tod haben, obwohl ihr Glaube sehr stark ist. Sie haben Angst vor dem Unbekannten, und das ist völlig nachvollziehbar. Andere, aber die sind sehr viel seltener, leben dagegen nicht in der Angst, sondern in der Erwartung des Todes. Das traf auf Abbé Pierre zu, der seit dem Alter von siebzehn Jahren den Tod wünschte und erwartete. Dieser Mann sehnte sich nach nichts anderem als der Fülle des ewigen Lebens, nach der liebenden Begegnung mit Gott, obwohl er keine genaue Vorstellung davon hatte. Er war überzeugt, nach dem Tod nicht mehr von den psychischen und physischen Schwächen gehemmt zu werden, die uns hier belasten, und dass er sich endlich in seiner Innerlichkeit würde entfalten und endlich die Liebe voll ausleben können. Der Abbé Pierre starb gelassen, wie die meisten Heiligen. Im *Phaidon*, einem der am wenigsten bekannten sokratischen Dialoge, sagt uns Platon, diese Freude werde nur dem »richtig Philosophierenden« zuteil, dessen Seele »völlig rein von hier abscheidet«. Da er zu Lebzeiten »rein und befreit von aller Unvernunft des Leibes« sei, sei seine Seele in der Lage, »ohne irgendeine andere Sinneswahrnehmung (…), also mit ausschließlicher Verwendung des reinen Denkvermögens ein jegliches Seiende rein für sich zu erfassen«. Dieser Weise, ergänzt Platon, hat sein gesamtes Leben daran gearbeitet, »seine Seele so viel wie möglich von der Gemeinschaft mit dem Körper zu lösen, weit mehr als die anderen Menschen«.[1]

Für die weitaus meisten von uns ist das alles andere als zutreffend. So bin ich selbst zwar gläubig; ich habe wie gesagt ein inniges Verhältnis zu Jesus Christus; ich glaube an ein

Leben nach dem Tod; aber mein Glaube ist keine spürbare oder rationale Gewissheit. Mit meiner kritischen Intelligenz gebe ich zu, dass ich in dieser Hinsicht keinerlei Gewissheit habe. Meine Vernunft sagt mir, dass ich mich vielleicht in Illusionen wiege, dass es möglicherweise nach dem Tod, nach meinem Tod, gar nichts gibt. Dieser Zweifel ist immer da. Und so weiß ich nicht, ob in mir im letzten Moment der Glaube oder der Zweifel die Oberhand behalten wird.

Neben den spirituellen Wegen lehrt uns auch die philosophische Tradition, mit dieser universellen Angst umzugehen, keine Angst vor dem Tod zu haben, hinzunehmen, dass er fest zum Leben gehört. Kurz, wir sollen in dem klaren Bewusstsein unserer Sterblichkeit leben, statt diesen Gedanken zu verdrängen. Aber vielleicht ist das überhaupt eines der wichtigsten Ziele der Philosophie? Montaigne jedenfalls war davon überzeugt, wie folgender Ausspruch zeigt: »Philosophieren heißt sterben lernen.«[2]

Einer der ersten Philosophen, der sich explizit als Atheist bezeichnete, war der Grieche Epikur. Für ihn stand zweifelsfrei fest: Der Tod ist das totale Verschwinden des Einzelnen, körperlich wie seelisch. Trotzdem gebot er seinen Schülern, ihn nicht zu fürchten, denn diese Furcht sei vollkommen nutzlos, einerseits, weil sie den Tod nicht verhindern könne, andererseits, weil sie es unmöglich mache, die Lebensfreude gänzlich auszukosten. In seinem *Brief an Menoikeus* fasst er so zusammen, was er auch andernorts immer wieder predigt: »Gewöhne dich auch an den Gedanken, dass es mit dem Tode für uns nichts auf sich hat. Denn alles Gute und Schlimme beruht auf Empfindung; der Tod aber ist die Aufhebung der Empfindung. Daher macht die rechte

Erkenntnis von der Bedeutungslosigkeit des Todes für uns die Sterblichkeit des Lebens erst zu einer Quelle der Lust (...). Denn das Leben hat für den nichts Schreckliches, der sich wirklich klargemacht hat, dass in dem Nichtleben nichts Schreckliches liegt. (...) Denn was uns, wenn es sich wirklich einstellt, nicht stört, das kann uns, wenn man es erst erwartet, keinen anderen als nur einen eingebildeten Schmerz bereiten. Das angeblich schaurigste aller Übel also, der Tod, hat für uns keine Bedeutung; denn solange wir noch da sind, ist der Tod nicht da; stellt sich aber der Tod ein, so sind wir nicht mehr da. Er hat also weder für die Lebenden Bedeutung noch für die Abgeschiedenen (...). Der Weise weist weder das Leben von sich, noch hat er Angst davor, nicht zu leben.«[3]

Weise ist, wer sich auf den Tod vorbereitet hat. Mit »vorbereiten« meine ich, sein ganzes Leben lang so zu handeln, dass wir im Moment unseres Todes ohne Reue gehen können, mit dem Gefühl, dieses Leben so gut wie möglich gemeistert zu haben, »gut gelebt« zu haben, also gerecht, aufrichtig, gut und so wahrhaftig wie möglich. Denn es ist furchtbar, mit dem Gefühl zu sterben, dass man sein Leben verschwendet hat. Jeden Morgen bereite ich mich auf meinen Tod vor, freilich im Sinne Spinozas, für den gilt: »Der freie Mensch denkt an nichts weniger als an den Tod, und seine Weisheit ist nicht ein Nachdenken über den Tod, sondern über das Leben.«[4] Beim Aufwachen sage ich mir, dass dies vielleicht mein letzter Tag ist. Dass ich ihn ganz bewusst leben muss, ohne von meinen Werten abzulassen, dass ich ihn also so gut wie nur möglich leben muss, ohne mich von Emotionen überrennen zu lassen, die mich oder andere stören könnten, ohne etwas zu tun, was ich später bereuen würde. Ich muss die Worte Marc Aurels beherzigen: »All dein Tun und Denken sei so beschaffen, als ob du möglicherweise im Augenblick aus diesem Leben scheiden solltest.«[5] Also so leben, dass ich abends mit ruhigem Gewissen einschlafen kann. Vielleicht wache ich ja nie mehr auf. So beziehe ich Tag für Tag in mein Leben die Dimension unserer Endlichkeit ein. Und damit bereite ich mich im Grunde nicht auf den Tod vor, sondern jeden Tag auf das Leben.

19

DER HUMOR

Humor ist eine der kostbarsten Eigenschaften des menschlichen Wesens. Der Mensch kann von Geburt an lachen, lange bevor er spricht. Sein erstes Lachen ist Ausdruck der Zufriedenheit, sehr schnell aber, noch bevor es die ersten Worte brabbeln kann, lacht ein Kleinkind über Situationen, die ihm drollig vorkommen. Es erfasst die Komik, die Absurdität oder die Unangemessenheit einer Situation, und das impliziert eine gewisse Distanz zu dieser Situation.

Da das Lachen etwas ausgesprochen Spirituelles ist, haben sich die Philosophen ausführlich damit beschäftigt. Nun sind aber die meisten Philosophen nicht gerade lustig, und so sind diese Traktate häufig sehr nüchtern und beinahe selbst zum Lachen! Descartes stellt das Lachen ins Zentrum von drei übrigens recht bitteren Kapiteln seiner *Leidenschaften der Seele* (sein letztes Werk). Spinoza preist im vierten Buch seiner *Ethik* das Lachen, das er als »reine Lust« bezeichnet, und stellt es als wesentliche Waffe der Freiheit dar, weil es uns von der Angst befreit, dem Quell allen Aberglaubens, dem er sich unermüdlich entgegenstellt. Und so beschreibt er den guten Menschen: »(...) er strebt, soweit die menschliche Tugend es vermag, *wohl zu tun*, wie man sagt, *und sich zu freuen.*«[1] Bergson analysiert das Lachen in seiner gleichnamigen Abhandlung, in der er sich neben der Komik vor allem dem Auslachen widmet. Selbst

Ärzte interessierten sich dafür, und zwar seit der ersten *Abhandlung über das Lachen* von Laurent Joubert, die 1597 in Paris erschien und die positiven Auswirkungen guter Laune auf die Gesundheit pries. Abgesehen von den wenigen Zeilen bei Spinoza muss ich freilich zugeben, dass diese Theorien mich nicht ganz befriedigen, weil sie lückenhaft bleiben und vor allem einen Punkt verschweigen, der mir doch die wesentliche Kraft des Humors auszumachen scheint: seine ausgesprochen positiven Auswirkungen auf das Innenleben, weil eine klare Distanz zur Wirklichkeit aufgebaut wird.

Ich möchte hier nicht das eigentlich Komische, das Burleske, vom geschliffenen Bonmot oder von der scharfen Ironie trennen. Zwar unterscheiden sie sich stark voneinander, aber sie drücken alle in unterschiedlichem Grad eine besondere Form der Intelligenz aus und erfüllen ähnliche Funktionen, die für das Gleichgewicht des Einzelnen unverzichtbar sind. Denken wir nur, wie befangen wir im Umgang mit jemandem werden können, der keinerlei Sinn für Humor hat, weil wir instinktiv ein Stück Menschlichkeit vermissen, sodass wir innerlich erstarren!

Eine der Hauptfunktionen des Humors besteht meines Erachtens darin, eine persönliche Bindung zwischen Menschen zu knüpfen, die sich manchmal gar nicht kennen. Ich erinnere mich etwa, wie ich einmal während einer Reise völlig die Orientierung verlor; ich war zum ersten Mal in diesem Land und sprach die Sprache nicht. Vergeblich suchte ich den richtigen Weg, es regnete in Strömen, mein Rucksack triefte und es wurde obendrein schon dunkel. Mir war wirklich nicht zum Lachen zumute, aber es genügte, dass ein Gast in einer Kneipe, in der ich um Rat bitten wollte, mit einem Witz meine Situation lächerlich machte, sodass wir alle, und ich selbst zuerst, in lautes Lachen ausbrachen. Und schon fühlte sich jeder Einzelne persönlich von meiner Geschichte betroffen und bemühte sich, mir zu helfen. Humor eint, schafft unmittelbare Gemeinschaft, bringt alle sozialen und kulturellen Schranken zum Einsturz. Er ist eine Tugend der Menschlichkeit, wie Einsicht oder Mitleid. Mehrmals hatte ich Gelegenheit, bei Begegnungen zwischen dem Dalai-Lama und westlichen Intellektuellen oder Journalisten dabei zu sein. Er ist eine beeindruckende Persönlichkeit, und obwohl – oder vielleicht gerade weil – er äußerst einfach und bescheiden auftritt, schüchtert er seine Zuhörer auch ein. Vor diesen Begegnungen herrscht immer ein fast schon feierliches Schweigen, und jedes Mal macht der Dalai-Lama einen Witz und lacht laut auf. Das hat immer dieselbe Reaktion zur Folge: Auch die anderen Anwesenden fangen laut an zu lachen. Im Handumdrehen ist die kühle Atmosphäre durchbrochen, eine Gemeinschaft ist hergestellt.

Die zweite positive Eigenschaft des Humors, die in meiner kleinen Reise-Anekdote mitspielt, ist seine Fähigkeit, eine Situation zu entdramatisieren, indem er die dringend nötige Distanz dazu schafft. Ich stand da in diesem Land, von dem ich nichts wusste, zusammen mit Menschen, die ich nicht kannte, und urplötzlich fand ich mich als Zuschauer meiner eigenen kleinen Katastrophe wieder und konnte so darüber lachen. Und beim Lachen schmolz mein Ärger im Nu dahin. Der Humor besitzt die wunderbare Eigenschaft, die Tragik zu durchkreuzen. Das Leben ist tragisch, immer wieder gibt es Krankheit, Misserfolg, Enttäuschung, Desillusion, und obendrein endet es noch mit dieser letzten Tragödie, dem Tod. Aber wie sagte noch Woody Allen:

»Das Leben ist voller Leid, Krankheit, Schmerz – und zu kurz ist es übrigens auch …« Mit einer geistreichen Pointe können wir auf einen Schlag das Absurde oder Dramatische einer Situation hervorheben und sie ganz umkehren. Und genau dadurch können wir über das, was uns bedrückt hat, lachen. Manchmal sogar Tränen lachen. Wenn wir über eine tragische Realität lachen, verändern wir zwar nicht die Realität, aber wir verändern unsere Wahrnehmung davon. Durch diesen verschobenen Blick befreien wir uns von der Unerträglichkeit dieser Situation.

Einige spirituelle Schulen haben diese Dimension in ihr Lehrgebäude integriert, indem sie im Humor nach Antworten auf die Herausforderungen des Lebens suchen. In der muslimischen Welt etwa gibt es die berühmte Figur des Nasreddin, ein angeblich naiver Mann, der in humoristischen Geschichtchen auftaucht, die man Kindern oder unter Freunden erzählt. Die Anekdoten stammen häufig aus Sufi-Kreisen und gehören zum Erbe und zum Lehrinhalt großer spiritueller Meister. Im Sufismus entstanden übrigens zahlreiche Märchen, die mit Humor eine äußerst tiefsinnige spirituelle Botschaft vermitteln. Besonders gefällt mir folgende kleine Geschichte:

Soeben ist der Kalif gestorben. Auf den leeren Thron setzt sich ein armseliger Bettler. Der Großwesir befiehlt den Wachen, diesen Zerlumpten zu ergreifen, der ein derartiges Sakrileg begangen hat, aber der Mann erwidert:

»Ich bin größer als der Kalif.«

»Wie kannst du so etwas behaupten!«, entsetzt sich der Großwesir verblüfft. »Größer als der Kalif ist nur der Prophet.«

»Ich bin größer als der Prophet«, erklärt der Bettler in aller Seelenruhe.

»Was! Was wagst du da zu sagen, du Elender! Größer als der Prophet ist nur Gott!«

»Ich bin größer als Gott.«

»Du Gotteslästerer!«, heult der Großwesir am Rande eines Schlaganfalls. »Wachen! Spießt mir sofort diesen Verrückten auf. Nichts ist größer als Gott!«

»Eben, und ich bin nichts.«

Auch die berühmten Koans des Zen-Buddhismus dienen in den fernöstlichen Traditionen dazu, eine tiefsinnige Lehre zu übermitteln, die hinter der absurden und oft humoristischen Fassade kurzer Sentenzen oder Fragen verborgen ist, die der Meister seinen Schülern vorlegt. Ihr Ziel besteht darin, die Wahrnehmung der Wirklichkeit zu verkehren, das Ich des Schülers aus der Fassung zu bringen und ihn zum Erwachen zu führen. Hier ein paar Beispiele berühmter Koans:

»Wenn es nichts mehr zu tun gibt, was tut ihr dann?«

»Wie klingt das Klatschen einer Hand?«

»Kann es eine Illusion geben?«

»Wenn dir etwas fehlt, suche es in dem, was du hast.«

Außer den knappen Koans gibt es in der buddhistischen Tradition auch viele lustige Geschichtchen, die sich die Mönche in den Klöstern erzählen. Eine hat mir ein tibetischer Mönch in Sikkim weitergegeben:

Zwei Mönche, ein junger und ein alter, sind zusammen unterwegs. Plötzlich kommen sie an einen Fluss. Sie sehen eine bezaubernde junge Frau, die sie bittet, ihr durch die Furt zu helfen. Zur Verblüffung des jungen schlägt der alte Mönch der Frau vor, auf seinen Rücken zu steigen. Als der Fluss hinter ihnen liegt, gehen die beiden Mönche schweigend weiter. Am Abend fragt der junge Mönch den alten: »Wie konntest du diese Frau auf den Rücken nehmen, obwohl du Keuschheit gelobt hast?« Da erwidert der Alte: »Diese Frau habe ich gerade einmal zwei Minuten getragen und dann vollständig vergessen. Du aber bist einen Tag gelaufen und trägst sie noch immer.«

Den Gipfel des Humors freilich stellen für mich jüdische Witze dar, in ihrer religiösen oder profanen Variante. Ich habe mich immer gefragt, woher dieser ausgeprägte Sinn für Humor stammt, der bemerkenswert selbstironisch daherkommt, und dieses unglaubliche Feuerwerk von Geschichten, die so lustig sind und doch alles andere als plump komisch, die fast immer höchst spirituell, ja existenziell sind. Die Juden mokieren sich über sich selbst, über Gott und das Leben – also über das, was ihnen am allerkostbarsten ist – wie niemand sonst. Ich glaube, das beruht auf zwei Ursachen. Zunächst einmal ist das historisch bedingt: Aufgrund der jahrhundertelangen Verfolgung haben die Juden eine ganz besondere Form der Ironie entwickelt: über sich selbst zu lachen, über den abschätzigen Blick der anderen und über das eigene Unglück, denn das relativiert alles Leid.

Die zweite, religiöse Ursache liegt in der erdrückenden Last des göttlichen Auftrags, als dessen Vertreter sich die Juden verstehen. In der Thora heißt es, Gott der Allmächtige, der Schöpfer der Welt, habe einen einmaligen Bund mit diesem kleinen Volk geschlossen. Das ist derart ungeheuerlich … dass man am besten darüber lacht! Gleichzeitig ist es derart erdrückend, vor der gesamten Menschheit diese Auserwähltheit bezeugen zu müssen, dass der Humor das Auseinanderklaffen von Worten und Taten erträglich macht, zwischen dem Aufruf zur Heiligkeit und dem Verhalten eines jeden Gläubigen, der doch meistens weit davon entfernt ist.

Gut kommt das in der Geschichte eines Rabbi zum Ausdruck, der beim Verlassen der Synagoge Gott Dank sagt. Er dankt ihm, dass er ihn durch Geburt dem auserwählten Volk hat angehören lassen; dass er ihn bestimmt hat, die Rituale zu vollziehen; dass er ihm den Glauben verliehen hat; und er beteuert ihm seine vollkommene Anbetung und sein ganzes Vertrauen in Ihn und Ihn allein. Doch wie er da so in Gedanken versunken ist, fällt der Rabbi in einen Felsspalt. Im Fall kann er sich gerade noch an einem kleinen Zweig festhalten, doch der ist nicht sehr stabil. Voller Angst vor dem Nichts ruft er um Hilfe:

»Ist da jemand? Ist da jemand?«

Als Antwort nichts als Schweigen. Wieder ruft er, bis eine Stimme ihn verstummen lässt. Eine tiefe Stimme, die von oben kommt. Von sehr weit oben:

»Mein Sohn, ich habe deinen Ruf gehört. Fürchte dich nicht und lass diesen Zweig los. Meine Engel werden dich tragen und dich sanft am Grund dieses Felsspalts absetzen.«

Wieder beäugt der Rabbi das Nichts unter seinen Füßen:

»Ist da sonst noch jemand?«

Eine der Waffen der griechischen Philosophie ist die Ironie. Die berühmten Kyniker nutzten sie, um ihre subversive Sicht auf die Werte zu vermitteln. Um sich über die Philosophen lustig zu machen, die die Tugend predigten und in Palästen lebten, hatten sie sich für ein Leben in radikaler

Armut entschieden. Sie lehrten durch ihr Vorbild und statt langer Reden wählten sie kurze, sibyllinische oder ironische Sentenzen. Der bekannteste Kyniker, Diogenes von Sinope, lebte im 4. Jahrhundert vor unserer Zeit in Athen in seiner berühmten Tonne. Wie Diogenes Laertios berichtet,[2] lief er mitten am Tag mit einem Licht durch die Stadt, und wenn man ihn fragte, warum er das tat, antwortete er ironisch: »Ich suche einen Menschen.« Er bettelte durchaus auch Bildsäulen an, um sich »in der Kunst (zu üben), mir etwas abschlagen zu lassen«. Als er einmal auf der Überfahrt nach Aegina von Piraten gefangen genommen wurde, antwortete er dem Sklavenhändler auf die Frage, auf welches Geschäft er sich verstehe: »Über Männer zu herrschen. (…) Rufe aus, ob einer gewillt sei, sich einen Herrn zu kaufen.« Und wirklich sollte ihn sein neuer Besitzer sehr hoch schätzen und bald freilassen. Danach soll es zu der berühmten Begegnung mit Alexander dem Großen gekommen sein, der diesen bekannten Lumpenphilosophen kennenlernen wollte.

»Fordere, was du wünschest«, sagt ihm der Herrscher.

»Geh mir aus der Sonne«, erwidert Diogenes.

»Fürchtest du mich nicht?«

»Was bist du denn: gut oder böse?«

»Gut.«

»Wer sollte denn das Gute fürchten?«

Später sollte Alexander bekennen: »Wäre ich nicht Alexander, so wollte ich Diogenes sein.«

Das alles ist nicht so weit entfernt von der Ironie eines Sokrates, der wenig früher dieselbe Waffe nutzte, um seine Gesprächspartner aus dem Gleichgewicht zu bringen. Humor und Spott schienen ihm nämlich die einzigen tatsächlich wirksamen Mittel, sie zu einer echten Einsicht zu führen. »So hat denn der Gott auch mich der Stadt beigegeben als einen Mann, der nicht müde wird, euch zu wecken, zu mahnen, zu schelten, kurz, der den ganzen Tag euch überall auf dem Nacken sitzt«, so wie ein Sporn an einem großen, edlen, aber etwas trägen Pferd.[3]

Schade, dass der Humor in der langen abendländischen Geschichte nicht gerade eine Stärke der Philosophen war. Außer gelegentlich durch ein paar geistreiche Worte kommt der Humor bei der Lehre kaum zum Einsatz. Montaigne, Spinoza und vor allem Nietzsche wussten mit der Ironie umzugehen, doch sie sind und bleiben Ausnahmen. Vielleicht hängt das auch mit dem lange vorherrschenden Einfluss des christlichen Denkens zusammen, das – anders als die geistigen Strömungen der Juden, Buddhisten und Muslime – ausgesprochen arm an Humor ist. In der Tat kommt er in den Evangelien überhaupt nicht vor, und die Frage, die Umberto Eco einen seiner Mönche in *Der Name der Rose* stellen lässt, ist keineswegs unsinnig: »Hat Christus gelacht?« Wir erfahren, dass er geweint hat, getrunken, dass er wütend war und außer sich vor Freude … aber ob er gelacht hat? Ich persönlich kann mir nicht vorstellen, dass er als guter jüdischer Rabbi so ernst hat sein können wie ein Papst auf der Kanzel! Und ich versuche mich an dem Gedanken festzuhalten, dass seine Jünger vielleicht deshalb nichts von seinem Humor überliefert haben, weil sie ihn nicht begriffen haben oder weil er sich über sie lustig machte, oder aber weil sie fanden, es würde nicht besonders ernsthaft wirken, wenn sie den Sohn Gottes lachend darstellten.

Die theologische christliche Tradition ist also kaum lustig, die Volksweisheit dagegen (und mancher durchaus humorvolle Priester) hat zum Glück jede Menge Scherze erfunden, die den Papst, die Kardinäle, Pfarrer, Mönche und Nonnen betreffen. Und ich kann nicht widerstehen und beschließe dieses Kapitel mit folgendem kleinen Katholikenwitz:

Ein Missionar wandert durch die Savanne und steht plötzlich einem brüllenden Löwen gegenüber. Der Priester fleht Gott um Hilfe an: »Herr, verleih diesem Untier christliche Gefühle!« Sofort geschieht ein Wunder. Der Löwe hält im Sprung inne, kniet nieder und betet: »Herr, segne diese Mahlzeit. Amen.«

20

DIE SCHÖNHEIT

Seite für Seite habe ich nunmehr erklärt, wie wichtig es mir scheint, zur Entfaltung unserer ganzen Menschlichkeit nach Erkenntnis, aber auch nach dem Guten zu streben; nach Wahrheit, aber auch nach Liebe; nach Einsicht, aber auch nach Gemeinschaft. Habe ich schon genügend auf eine andere wesentliche Erfahrung hingewiesen, die, so meine ich, für jeden von uns zu den universellsten und beeindruckendsten gehört: nämlich die Erfahrung des Schönen? Seit Aufkommen der Philosophie sind Denker und Weise fasziniert von der Wirkung, die das Schöne in uns auslöst. Schon oft habe ich Platon zitiert, für den das undefinierbare Absolute auf einem Triptychon ruht: dem Wahren, dem Guten und dem Schönen. Jeder von uns, sagt er, strebt beim Aufstieg seiner Seele hin zum Reich der Ideen, nach der Betrachtung dieser drei Werte, die gewissermaßen die Archetypen darstellen, auf die wir hinzielen und die wir zu erlangen suchen, um mit ihnen eins zu werden. Ich habe schon das Beispiel aus dem *Gastmahl* zitiert, wo Sokrates erklärt, wie man von der Betrachtung der körperlichen Schönheit zu der der seelischen Schönheit und von da aus wiederum zur Kontemplation der Schönheit an sich gelangen kann.

Im 1. Jahrhundert unserer Zeitrechnung veranschaulichte Plutarch, der als Philosoph und Moralist bekannt ist, der aber auch Priester im Apollon-Tempel von Delphi war, diese Grundvorstellung der platonischen Philosophie: »Denn diese Welt ist der heiligste, einer Gottheit würdigste Tempel. In diesen wird der Mensch bei seiner Geburt hineingeleitet, nicht um Gebilde von Menschenhand, unbewegliche Götterbilder zu schauen, sondern um die sinnlichen Dinge zu betrachten, die der göttliche Geist, wie Platon sagt, als Bilder der unsichtbaren geschaffen hat.« Diese unsichtbaren Gebilde tragen das Prinzip ihrer Bewegung und ihres Lebens in sich selbst: Sonne, Mond, Sterne, Flüsse, deren Wasser sich ständig erneuert, dazu die Erde, die Tieren und Pflanzen stets überreiche Nahrung bietet. »Daher soll das Leben, die vollkommene Vorbereitung und Weihe zu diesen Geheimnissen, erfüllt sein von Heiterkeit und Gemütsfrieden«.[1]

Die Natur zu betrachten und sich von dem Entzücken überwältigen zu lassen, das die Schönheit in uns aufkommen lässt, führt uns als Erfahrung manchmal regelrecht über uns selbst hinaus. Ist uns eigentlich bewusst, dass diese Schönheit allgegenwärtig ist? Nichts in der Natur ist hässlich. Hässlichkeit gibt es ausschließlich in der Menschenwelt. Diese Schönheit ist ein Geschenk für uns, wohingegen manche Leute ein Vermögen für Kunstwerke ausgeben, die mitunter beängstigend hässlich sind. Können wir Augen und Herz öffnen, um die Schönheit in unserer Umgebung wahrzunehmen – einfach nur einen Sonnenuntergang oder wenn ein Lichtstrahl durch das Laub eines Baums dringt? Oder aber das Lächeln eines Kindes oder das Gesicht eines Greises? Unterwegs in einer Stadt, an einer Straßenecke, vor einer schönen Haustür? Können wir uns von einem Blick berühren lassen, von einem musikalischen Wohlklang, der uns innerlich völlig erschüttern kann?

Die Religionen haben das Schöne als Tor zum Heiligen genutzt. In einer Veröffentlichung, in der ich das Entstehen von Religiosität untersuchte,[2] habe ich aufgezeigt, wie sich dieses Erwachen in der mittleren Altsteinzeit, also vor etwa 45 000 Jahren, in der Schönheit herrlicher Wandmalereien ausdrückte, zunächst in afrikanischen, australischen, dann in europäischen Höhlen – der Paläontologe Emmanuel Anati bezeichnet sie als regelrechte »Kathedralen der Frühgeschichte«.[3] Mit der Zeit entstanden die einzelnen Religionen und ihre Kultstätten, die im Streben nach vollkommener Harmonie erbaut wurden; immer schöner wurden sie, schmückten sich mit den schönsten Blumen, den schönsten Statuen, den schönsten Gemälden. Die Entwicklung der westlichen Kunst wäre ohne Vermittlung und Auftrag der Kirchen nicht derart großartig ausgefallen – Maler, Bildhauer, Musiker, Baumeister waren dabei. Das Gleiche gilt auch in anderen geografischen und kulturellen Gebieten, bei den Buddhisten, Hindus, Juden oder Muslimen. Wer bestimmte heilige Stätten besucht – die kleine romanische Kirche von Germigny-des-Prés, die große Moschee von Córdoba, die buddhistischen Tempel in Angkor –, begreift, wie die Schönheit dem Gläubigen regelrecht das Herz »öffnet« und es für das Unsichtbare empfänglich macht. Der Künstler, sagt Bergson, ist »ein Mensch, der besser sieht als die anderen, weil er die nackte, unverschleierte Wahrheit schaut. Mit Maleraugen zu sehen heißt, besser zu sehen als der gemeine Sterbliche (...). Wer alle Konventionen in Flammen aufgehen lässt, wer den praktischen Nutzen und die Annehmlichkeiten des Lebens geringschätzt, wer sich bemüht, die eigentliche Wahrheit direkt zu sehen, ohne etwas zwischen sie und sich selbst zu stellen, der wird ein Künstler sein.«[4]

Arthur Schopenhauer interessierte sich besonders für diese Fähigkeit der Kunst, uns unserem Unglück zu entreißen, unserem Elend, unserem Kleingeist, und uns stattdessen Zugang zu einer anderen Dimension zu verschaffen. Die Kunst, sagt er im Wesentlichen, kann das deshalb, weil sie das Band der Nützlichkeit durchtrennt, das den Einzelnen an die Welt bindet. Und so führt er den Gedanken aus: »Welche Erkenntnisart nun aber betrachtet jenes außer und unabhängig von aller Relation Bestehende, allein eigentlich Wesentliche der Welt, den wahren Gehalt ihrer Erscheinungen, das keinem Wechsel Unterworfene und daher für alle Zeit mit gleicher Wahrheit Erkannte, mit einem Wort, die IDEEN, welche die unmittelbare und adäquate Objektivität des Dinges an sich, des Willens, sind? – Es ist die KUNST, das Werk des Genius. Sie wiederholt die durch reine Kontemplation aufgefassten ewigen Ideen, das Wesentliche und Bleibende aller Erscheinungen der Welt.«[5]

Denn das Schöne ist – glücklicherweise – nicht nur im Religiösen zu Hause. Baudelaire, der »Poète maudit«, der verfemte Dichter, schrie seinen Abscheu vor den Religionen heraus, pries aber die Natur als »Tempel, wo aus lebendigen Pfeilern zuweilen wirre Worte dringen«, als Tempel, wo »Unendlichkeiten (...) die Verzückungen des Geistes und der Sinne singen«.[6] Für Rimbaud war Baudelaire »der erste Sehende« unter all denen, die uns mit ihrer Kunst helfen, damit wir »das Unsichtbare erforschen und das Unerhörte vernehmen« können.[7]

Schönheit ist für mich immer ein Quell des Glücks. Und wie zugänglich ist doch dieser Quell, ich brauche ja nur die Augen zu öffnen und mich umzusehen, brauche nur Musik zu hören, die mich bezaubert, muss mich nur von dem Gefühl durchdringen lassen, das dann in Wogen aufkommt und das die Dichter so gut beschreiben, eine Art Einssein mit der Welt. Besser als alle anderen Künste offenbaren uns wahrscheinlich Dichtung und Musik mit den Worten des Herzens und der Harmonie der Klänge die verborgene Schönheit der Welt. Ich kann meinen Arbeitstag nicht beginnen, ohne Bachs *Goldberg-Variationen* zu hören, Keith Jarrets *Köln Concert* oder eine Sarabande von Händel. Und abends vor dem Einschlafen lese ich gerne Gedichte: von Baudelaire und Victor Hugo vor allem. Christian Bobin, unter den lebenden Dichtern der, der mich am meisten berührt, kann wunderbar von der Anmut der kleinen Alltagsdinge erzählen. Er offenbart die Schönheit, ja sogar die Güte des Realen, und zwar nicht in beeindruckenden Landschaften, sondern im einfachen Löwenzahn, im buckligen Rücken oder dem faltigen Gesicht einer alten Frau, der er in seiner Dorfbäckerei begegnet. Wunderbar verleiht er der Schönheit Ausdruck, die uns rundum umgibt, während wir meistens in Gedanken verloren herumlaufen oder, schlimmer noch, mit der Nase auf dem Handydisplay, um unsere Mails zu beantworten.

Ein Gemälde, eine Fotografie, ein Bild, ein Wort, ein Körper, ein Gesicht oder ein Ton genügen, um Freude in den Alltag zu bringen, diese Verzückung zu empfinden, die der Dichter Lukrez im 1. Jahrhundert unserer Zeitrechnung als »göttliche Wonne« bezeichnete.[8] Und für den, der sie zu genießen weiß, ist diese Wonne ganz und gar kostenlos.

»Die Schönheit wird die Welt retten«, prophezeite Dostojewski. Das ist wahrscheinlich übertrieben, aber die Schönheit macht die Welt mit Sicherheit erträglicher und offenbart uns manchmal die verborgene Wahrheit und Güte.

EPILOG

Am Ende dieses philosophischen und spirituellen Spaziergangs möchte ich statt einer Schlussfolgerung ein paar Dinge präzisieren, die mir in Bezug auf das Glück unverzichtbar erscheinen. Wenn ich sage, Glück hängt vom Innenleben ab und von der Arbeit an sich selbst und sehr viel weniger von äußeren Werten, so könnte man das so verstehen, als verspräche ich Glück nur dem, der jahrelang mühsam um Selbsterkenntnis, Affektbeherrschung und Tugend gerungen hat. Das ist zugleich zutreffend und falsch.

Falsch, weil das Glück zuallererst von der natürlichen Veranlagung des Einzelnen abhängt. Anomalien im Hormonhaushalt können das Glück fast unerreichbar machen, und ein optimistisches, lebendiges Temperament ist eine bessere Voraussetzung fürs Glücklichsein als jedes Weisheitsstreben. Das formuliert Arthur Schopenhauer sehr treffend in seinen *Aphorismen*: »Hieraus also ist klar, wie sehr unser Glück abhängt von dem, was wir sind, von unserer Individualität; während man meistens nur unser Schicksal, nur das, was wir haben oder was wir vorstellen, in Anschlag bringt. Das Schicksal aber kann sich bessern: zudem wird man, bei innerem Reichtum, von ihm nicht viel verlangen: hingegen ein Tropf bleibt ein Tropf, ein stumpfer Klotz ein stumpfer Klotz, bis an sein Ende, und wäre er im Paradiese und von Huris umgeben. Deshalb sagt Goethe:

(...) Höchstes Glück der Erdenkinder sei nur die Persönlichkeit. (West-östlicher Divan)

Allerdings ist für das Wohlsein des Menschen, ja für die ganze Weise seines Daseins die Hauptsache offenbar das, was in ihm selbst besteht oder vergeht. Hier nämlich liegt unmittelbar sein inneres Behagen oder Unbehagen, als welches zunächst das Resultat seines Empfindens, Wollens und Denkens ist; (...) Daher affizieren dieselben äußeren Vorgänge oder Verhältnisse jeden ganz anders, und bei gleicher Umgebung lebt doch jeder in einer anderen Welt.«[1]

Manche Menschen haben das Glück, mit Veranlagungen zur Welt zu kommen, die sie sehr viel besser zum Glück befähigen als andere. Genau das sagt übrigens das griechische Wort für »Glück«, *eudaimonía*: »einen guten *Daimon* haben«, in modernen Worten etwa »unter einem guten Stern geboren sein«.

Zutreffend aber ist obige Aussage deshalb: Wem es aufgrund seines Temperaments schwerer fällt, einfach glücklich zu sein, oder wer in der Kindheit viele leidvolle Erfahrungen machen musste, der kann mithilfe der Arbeit an sich selbst seine Wunden heilen und ein paar philosophische Kernpunkte umsetzen, die ihm durchs Leben helfen. Das habe ich an meinem eigenen Weg illustriert: Ich bin von eher fröhlichem Temperament, aber lange Zeit war mir das Glück schwer zugänglich, weil ich an einer Reihe schmerzhafter Wunden litt. Die philosophische, psychologische und spirituelle Arbeit hat mir geholfen, mich selbst zu erkennen, meine Probleme zu verstehen und sie zum Großteil zu lösen. Wie schon im Prolog gesagt, ist mein Leben heute harmonischer als früher, weil ich diesem Weisheitsstreben gefolgt bin. Allerdings scheint mir dieses Streben für alle sinnvoll, unabhängig von der jeweiligen Empfindsamkeit, weil Selbsterkenntnis und Selbstbeherrschung sowie ein rechtes, liebevolles Verhältnis zum Mitmenschen uns stabile, dauerhafte Gelassenheit verschaffen und nicht nur eine einfache, vorübergehende Empfindung. Glück ist nämlich zerbrechlich, man kann es nie endgültig besitzen, ein Nichts kann es trüben, egal, für wie glücklich man sich gerade hält. Wer aber die Weisheit auf seiner Seite hat, kann den Ungewissheiten des Lebens besser widerstehen. Sie hilft uns, die glücklichen Momente voll auszukosten und in den schmerzhaften niemals zu verzweifeln. Sie lehrt uns, das Leben so hinzunehmen, wie es kommt, mit seinem Päckchen Freude und Traurigkeit, und zugleich das Unglück so weit von uns zu weisen wie möglich. Sie erlaubt uns, die steten Wandlungen des Lebens geschmeidig und aufmerksam mitzumachen. Sie gibt uns die Einsicht, dass wir nicht in Frieden leben können ohne die anderen, also ohne auch ihr Glück zu wollen. Diesbezüglich verhilft sie uns immer zu einem besseren Leben, egal, ob wir von Natur aus mehr oder weniger zum Glück veranlagt sind.

Zum Schluss möchte ich noch etwas Wichtiges ergänzen, was ich in dieser kleinen Abhandlung vielleicht nicht genügend betont habe. Wie Spinoza in seiner *Ethik* sagt, birgt das Wesen des Lebens und des Seins eine tiefe Freude. Die Freude ist da, und wir müssen lernen, sie wahrzunehmen, auf sie zu reagieren, sie aufkommen zu lassen. Mithilfe psychologischer oder philosophischer Arbeit können wir die Hindernisse beseitigen, die ihr so häufig im Weg stehen. Wer aber von dieser Freude gekostet hat, und sei es auch noch so flüchtig, der wird sich ernsthaft auf die Suche nach dem Wahren, Guten und Schönen machen. Und wer immer mehr von ihr kostet, bei dem wird dieses Streben nach Weisheit immer weiter wachsen. So, wie man zu lieben lernt, weil man von der Liebe gekostet hat, so will man in der Tugend vorankommen, weil man von der Glückseligkeit gekostet hat. Freude führt zum Verzicht und nicht umgekehrt.

ANHANG

WAS IST EIN GEGLÜCKTES LEBEN?

Exklusiver Abdruck eines Gesprächs zwischen Sokrates und Jacques Séguéla

Am 13. Februar 2009 machte der französische Werbemanager Jacques Séguéla als Studiogast im Frühstücksfernsehen folgende Äußerung: »Wie kann man einem Staatspräsidenten vorwerfen, eine Rolex zu haben? Heute hat doch jeder eine Rolex. Wer mit fünfzig Jahren noch keine Rolex hat, hat doch wirklich sein Leben verkorkst!«

Als eifriger Platon-Leser habe ich mich gefragt, was Sokrates wohl von so einer Aussage gehalten hätte. Das Problem ist, dass es zu seiner Zeit noch keine Rolex-Uhren gab – was ganz nebenbei zeigt, wie unglücklich die Menschen damals gewesen sein müssen. Aber egal, es musste ja wohl auch in der Antike ein gleichwertiges Symbol gegeben haben. Ich habe überall recherchiert, aber bei den antiken Historikern fand ich nichts, was die Rolex der griechisch-römischen Welt hätte sein können, dieser Gegenstand, der zugleich nicht lebensnotwendig und doch von höchstem Prestige ist, etwas, was man zum Beweis eines gelungenen Lebens einfach besitzen muss. Sicher, Zeichen für Reichtum und Macht gab es damals zuhauf: von der Größe des Hauses über die obligatorischen Juwelen bis zur Anzahl der Sklaven. Nirgends aber eine Spur von etwas so Lächerlichem wie einer Uhr, das man als Beweis eines bewundernswerten Lebens hätte deuten können. Schließlich suchte ich bei einem der besten modernen Kenner der Antike: René Goscinny. Der Asterix-Erfinder lieferte mir die Lösung. Wie er im Band *Die Trabantenstadt* zeigt, war das Nonplusultra des Chics ein Hinkelstein im Atrium (einer Art privatem Hausgarten).

Mit einem kleinen Anachronismus von ein paar Jahrhunderten stelle ich mir also vor, wie Sokrates in Rom in einer Zirkusvorstellung sitzt. In der Pause, als die blutigen Überreste der Gladiatoren weggeschafft und dann ein paar Christen den Löwen zum Fraß vorgeworfen werden, befragt der Stadionsprecher im Circus Maximus den großen zeitgenössischen Werbefachmann, Jacobus Seguelus Bonimentus, zu dem Hang des neuen Kaisers, mit seinem Reichtum zu protzen. Und da erwidert Seguelus: »Aber heute hat doch jeder einen Hinkelstein im Atrium. Wer mit dreißig [fünfzig wäre für die damalige Zeit etwas hoch gegriffen] noch keinen Hinkelstein im Atrium stehen hat, hat doch wirklich sein Leben verkorkst.« Die Menge applaudiert. Sokrates hingegen bleibt skeptisch. Nach der Vorführung sieht er, wie Hunderte rechtschaffene römische Bürger den Hinkelsteinhändlern die Läden einrennen. Staunend hält er einen auf. Und es kommt zu folgendem Gespräch:

Sokrates: Sag mir, Julius Cretinus Verus [so heißt der Schaulustige], wohin des Weges in dieser Eile?
Julius Cretinus: Ich will in die Via Condotti und einen Hinkelstein kaufen.
Sokrates: Und aus welchem Grund?

Julius Cretinus: Haben Sie nicht gehört, wie Jacobus Seguelus Bonimentus gesagt hat, wer mit dreißig noch keinen Hinkelstein im Atrium hat, hat sein Leben verkorkst? Ich bin neunundzwanzig und nicht gerade scharf darauf, dass man so etwas von mir denkt!
Sokrates: Du willst mit diesem Hinkelsteinkauf also nicht dich selbst, sondern die anderen überzeugen? Und wenn du dich selbst befragst: Findest du, du hast dein Leben verpfuscht?
Julius Cretinus (nachdenklich): Ich habe eine Frau und Kinder, die ich liebe; einen bescheidenen Beruf, in dem ich aber erfolgreich bin; ein recht hübsches Haus und viele Freunde. Natürlich habe ich ein paar Sorgen, aber mit meinem Leben bin ich eher zufrieden …
Sokrates: Und warum läufst du dann, um einen Hinkelstein zu kaufen, wenn du findest, dein Leben ist eher gelungen?
Julius Cretinus: Wahrscheinlich deshalb, Sokrates, weil das die anderen ja nicht wissen. Wenn ich einen schönen Hinkelstein im Atrium stehen habe, denken sie ganz bestimmt, dass ich Erfolg im Leben habe!
Sokrates: Ganz gewiss, Cretinus, weil es die allgemeine Meinung so will. Da du aber weißt, dass das nicht stimmt, wird es dich also wirklich befriedigen?
Julius Cretinus: Wohl eher nicht. Aber es wird mir guttun zu wissen, dass die Nachbarn und meine Freunde es glauben.
Sokrates: Hat von deinen Bekannten jemand einen Hinkelstein im Atrium?
Julius Cretinus: Natürlich, Sokrates! Sogar mehrere!
Sokrates: Und kannst du mit Gewissheit sagen, ohne jegliche Gefahr, dich zu täuschen, dass all diese Menschen glücklich sind und in ihrem Leben Erfolg haben?

Julius Cretinus: Ganz bestimmt nicht! Claudius ist unglücklich verheiratet; Lucius beklagt sich ständig, dass seine Geschäfte so schlecht gehen und er sich einen neuen Job suchen sollte; Cornelius ist zwar sehr reich, aber er hat sich nie von seinem Reitunfall erholt und jammert immer nur herum; Caius hat sich mit seinem Sohn zerstritten ... Nein, wirklich glücklich ist offenbar keiner.
Sokrates: Und doch steht der öffentlichen Meinung zufolge ein Hinkelstein im Atrium für Erfolg im Leben?
Julius Cretinus: Ja, so denken wirklich viele.
Sokrates: Du aber weißt sehr wohl, dass diese Meinung falsch ist!
Julius Cretinus: Natürlich.
Sokrates: Wenn du es weißt, wissen es die anderen auch. Wir alle kennen Idioten, Verbrecher und Unglücksraben, die herrliche Hinkelsteine im Atrium stehen haben.
Julius Cretinus: Ganz gewiss.
Sokrates: Und du glaubst also, wenn auch du einen Hinkelstein in dein Atrium stellst, werden die anderen dich für glücklich halten und dich um dein Leben beneiden?
Julius Cretinus: Wohl kaum, Sokrates.
Sokrates: Und warum willst du dann diesen Hinkelstein kaufen, wenn du doch aus Erfahrung und Überlegung weißt, dass das, was Seguelus gesagt hast, dumm und gelogen war?
Julius Cretinus (zögernd): Du hast recht, Sokrates. Ich bin blind der Menge gefolgt, ohne nachzudenken. Ich gehe jetzt unverzüglich nach Hause.
Sokrates: Geh lieber und kauf dir einen Hinkelstein, wenn du Hinkelsteine magst. Aber glaube niemals, dass er dir wahres Glück bringt oder dass er ein Beweis für deinen Erfolg wird. Und wenn du jemandem begegnest, der seinen

Hinkelstein protzig zur Schau stellt und sich damit bei anderen Wertschätzung verschaffen will, dann beneide ihn nicht, sondern bemitleide ihn, denn dieser Mann ist wirklich armselig.

Doch zurück zu Jacques Séguéla. Ein paar Tage später streute er sich aufgrund der Kritik, die es hagelte, in den Hauptnachrichten Asche aufs Haupt: »Ich habe großen Quatsch erzählt. Da bin ich in meine eigene Falle getappt. Man erwartet von mir, dass ich weiß, wie man kommuniziert.« Glückwunsch zu dieser Erkenntnis. Und doch bleibt nach dieser Erklärung ein schaler Nachgeschmack. Stellen wir uns vor, Séguélas entfernter Vorfahre wäre Sokrates ein paar Tage später begegnet. Aufgrund der Empörung von Teilen der Bevölkerung hat er seinen Fehler bereits öffentlich eingestanden.

Seguelus: Hast du das mitbekommen, Sokrates, ich habe gestanden, einen groben Fehler gemacht zu haben! Du kannst stolz auf mich sein.
Sokrates: Wenn ich richtig gehört habe, hast du in der Tat gesagt, du habest einen Fehler gemacht. Aber ich habe dich nie sagen hören, dass du eine absurde Lüge verbreitet hast.
Seguelus: Was meinst du damit, Sokrates?
Sokrates: Was du bedauerst, ist doch, dass du dich schlecht ausgedrückt hast, oder?
Seguelus: In der Tat.
Sokrates: Du bereust, dich schlecht ausgedrückt zu haben, obwohl Reden doch dein Beruf ist?
Seguelus: Richtig.

Sokrates: Deine Reue bezieht sich also auf die Form, nicht auf den Inhalt deines Gedankens?
Seguelus: Was meinst du damit?
Sokrates: Wenn du befunden hättest, die Unwahrheit oder eine Lüge verbreitet zu haben, hättest du gesagt: Ich habe etwas Falsches oder eine Lüge verbreitet. Du aber hast ganz einfach gesagt, du hättest Unsinn geredet, weil du dich schlecht ausgedrückt hast. Ich schließe also daraus, dass nicht das, was du gesagt hast, ein Fehler war, sondern die Tatsache, dass du es gesagt hast, und dass dir das den Spott der Menge eingebracht hat.
Seguelus: Ich weiß nicht, worauf du hinauswillst, Sokrates.
Sokrates: Das weißt du sehr wohl, Seguelus, aber es ist dir peinlich, es gesagt zu bekommen! Ich werfe dir nicht vor, dass du dich schlecht ausgedrückt hast. Das passiert mir auch. Ich werfe dir vor, dass du nur bereust, gesagt zu haben, was du nicht hättest sagen dürfen, um deinen guten Ruf in der Öffentlichkeit zu behalten. Während ich von dir als tugendhaftem Mann erwarte, dass du bereust, gelogen zu haben.
Seguelus: Da erhebst du einen schweren Vorwurf gegen mich, Sokrates.
Sokrates: Sei ehrlich, Seguelus: Meinst du wirklich, wer einen Hinkelstein im Atrium stehen hat, beweist damit seinen Erfolg im Leben?
Seguelus: Du bist ziemlich clever, Sokrates! Denn wenn ich dir jetzt mit Ja antworte, wirst du mir sagen, ich sei grotesk, und wenn ich Nein sage, kannst du ganz einfach behaupten, ich hätte gelogen. Entweder stehe ich als Idiot da oder als einer, der Märchen erzählt.
Sokrates: Vergiss einmal kurz deinen Ruf und was die Leute

von dir denken werden. Antworte mir ganz aufrichtig, Seguelus. Woran erkennt man deines Erachtens wirklich, ob jemand ein gelungenes Leben führt? An einem Hinkelstein im Atrium oder sonst einem Wertgegenstand?

Seguelus: Ja, das meine ich.

Sokrates: Und du hast noch nie bemerkt, dass jede Menge Leute, die Hinkelsteine im Atrium haben, unglücklich sind, Trinker, Prasser, Ignoranten, und dass keiner sie beneidet?

Seguelus: Das, Sokrates, kann niemand bestreiten.

Sokrates: Und ist dir noch nie aufgefallen, dass andererseits jede Menge Menschen, die sich keinen Hinkelstein leisten können, glücklich sind, tugendhaft und liebenswert, sodass man gerne so sein möchte wie sie?

Seguelus: Das ist sehr gut möglich.

Sokrates: Also lässt sich ganz leicht schlussfolgern, dass die Tatsache, einen Hinkelstein oder sonst einen Wertgegenstand zu besitzen, keinesfalls ein Zeichen für ein verkorkstes oder erfolgreiches, ein glückliches oder unglückliches Leben ist, und dass du eine Absurdität von dir gegeben hast, die so ungeheuer groß ist wie der Hinkelstein, der in deinem Atrium steht.

Seguelus: Klar, Sokrates, ich erkenne es gerne an: Der Besitz eines Gegenstandes hat den Menschen noch nie dauerhaft glücklich gemacht. Ich habe das zum Spaß gesagt, weil ich sehen wollte, wohin uns das bringt, und ich stelle fest, dass du deinem Ruf absolut gerecht wirst!

Sokrates: Wenn du dich beobachtest und die Menschen in deiner Umgebung, was, meinst du, kann sie glücklich machen und ihnen als Beweis für ein gelungenes Leben dienen?

Seguelus bleibt nachdenklich.

Sokrates: Einen guten Ruf zu haben? Kistenweise Gold? Viele Sklaven? Oder eher innere Werte: echte Freunde; eine heitere, friedliche Seele; freudige Kenntnis des Wahren, Guten und Schönen; ein tugendhaftes Leben mit Respekt vor sich selbst und anderen?
Seguelus: Natürlich die letzteren Dinge, Sokrates.
Sokrates: So bist du also kein Idiot, sondern ein Lügner.
Seguelus: Das ist ein zu starkes Wort! Dass ich das gesagt habe, lag an einer Berufskrankheit.
Sokrates: Was meinst du damit?
Seguelus: Wenn man ständig lügenhafte Slogans erfindet, um Sachen zu verkaufen, weiß man am Ende selbst nicht mehr, was wahr ist und was falsch.
Sokrates: Du gibst also zu, dass du dich daran gewöhnt hast, das Wahre nicht mehr vom Falschen unterscheiden zu können, das Gute nicht mehr vom Bösen?
Seguelus: Ich habe einen schwierigen Beruf, Sokrates. Ich muss die Vorzüge eines Gegenstands anpreisen, selbst wenn er völlig nutzlos ist. Ich denke schon lange nicht mehr in Kategorien von wahr oder gut, sondern von Effizienz und Gewinn.
Sokrates: Dann bist du also der vollkommene Sophist, einer dieser Schwadroneure, die an nichts denken als ans Geld und die ihre Zuhörer mit schönen Worten nur herumkriegen wollen, selbst wenn sie dazu grobe Irrtümer und erbärmliche Lügen vorbringen müssen?
Seguelus: Jedem sein Beruf, Sokrates. Du bist eben Philosoph und suchst nach der Wahrheit. Ich bin Märchenerzähler und suche nach dem Profit.
Sokrates: Da bist du immerhin ehrlich, Seguelus. Aber damit wenigstens deine Zuhörer es wissen: In den Worten von

dir und deinesgleichen steckt keine andere Wahrheit als die des Profits. Und was deine Auslassungen über das Glück oder ein gelungenes Leben angeht, wirst du mir erlauben, sie als Eseleien zu verlachen.
Seguelus: Du hast wohl recht, Sokrates, lass uns lachen und trinken, denn morgen sind wir tot!
Sokrates: Und genau das ist der Grund, weshalb wir alle die Wahrheit suchen müssen, Seguelus. Das Leben ist zu kurz und zu kostbar, um es damit vergehen zu lassen, uns zu amüsieren und vergängliche Schätze anzuhäufen. Versuchen wir lieber, seinen wahren Sinn zu begreifen und unsere Seele reicher zu machen.

Danksagung

Von ganzem Herzen danke ich Djénane Kareh Tager für ihre wertvolle Hilfe bei der Ausarbeitung dieses Buches.

Mein Dank gilt auch den Philosophenfreunden, von denen jeder mich auf seine Weise mit seinen Schriften bereichert und mit denen ich mich immer zu meiner höchsten Freude über diese wesentlichen Fragen austausche: Samuel Rouvillois, André Comte-Sponville, Edgar Morin, Régis Debray, Luc Ferry, Alexandre Jollien, Michel Lacroix, Fabrice Midal.

Homepage des Autors:
http://www.fredericlenoir.com
Homepage der *Monde des Religions*:
http://www.lemondedesreligions.fr
Homepage der Sendung »Les Racines du ciel« auf France Culture:
http://www.franceculture.com/emission-les-racines-du-ciel.html

Veröffentlichungen des Autors auf Deutsch

Der Code zu Dan Browns »Das verlorene Symbol«, mit Marie-France Etchegoin, Ü Helmut Reuter und Stefan Schmidt, München: Piper 2010.

Der Fluch des Mont-Saint-Michel, Ü Elsbeth Ranke, München: Piper 2005.

Das Geheimnis des Da-Vinci-Code: Geheimbünde, Verschwörungen, codierte Gemälde und die wahren Schauplätze in Dan Browns »Sakrileg«, mit Marie-France Etchegoin, Ü Reiner Pfleiderer, München: Piper 2005.

Das Geheimnis des Weinbergs: »Denn wo euer Schatz ist, da ist auch euer Herz«, Ü Carina von Enzenberg, München: Kabel 2003.

Mein Gott, warum? Fragen eines streitbaren Gottesmannes, mit Abbé Pierre, Ü Bettina Lemke, München: dtv 2007.

Das Orakel der Heilerin, Ü Sabine Herting, München: Page und Turner 2007.

Der Pater und der Lama: Gespräche mit Frédéric Lenoir, mit Robert Le Gall, Jigme Rinpoche, Pierre Saurel, Ü Verena Scheffzik und Astrid Schünemann-Williot, Amsterdam: Ed. Milarepa 2007.

Sokrates, Jesus, Buddha: Die Lebenslehrer, Ü Elsbeth Ranke, München: Piper 2010.

Anmerkungen

Die Zitate wurden behutsam der neuen Rechtschreibung angepasst.

1

1 Epiktet, *Handbüchlein der Moral und Unterredungen*, Handbüchlein 1,17, Ü Heinrich Schmidt, Stuttgart: Alfred Kröner 1978.
2 Seneca, *De beneficiis* 1,2,4 (Ü Elsbeth Ranke).
3 Michel de Montaigne, *Essais*, Erste moderne Gesamtübersetzung Hans Stilett, Berlin: AB – Die Andere Bibliothek GmbH & Co. KG 1998, 2011, Drittes Buch, Kap. 13, S. 515, und Kap. 10, S. 347.
4 Ebd., Kap. 9, S. 261.
5 Ebd., Kap. 9, S. 337.
6 Ebd., Kap. 9, S. 306.
7 Ebd., Kap. 13, S. 519.

2

1 Albert Einstein in seinem Beitrag *Symposion on Science, Philosophy and Religion* in New York 1941 (Ü Elsbeth Ranke).

2 Brief an Hans Mühsam, 30.3.1954, Einstein-Archiv 38–434.

3 Emile Durkheim, *Die elementaren Formen des religiösen Lebens,* Ü Ludwig Schmidts, Frankfurt am Main: Suhrkamp 1981, S. 287.

4 Epiktet, a.a.O., Unterredungen 1,6,7–12.

5 Lk 12,24.

6 Arthur Schopenhauer, *Die Welt als Wille und Vorstellung,* München: dtv ^{4}2008, 1. Band, S. 489.

7 Khalil Gibran, *Der Prophet,* Ü Giovanni Bandini, dtv ^{2}2010, S. 20.

3

1 Siehe Jean-Paul Sartre, *Ist der Existentialismus ein Humanismus?*, Ü Walter Schmiele, Frankfurt am Main: Ullstein 1968.

2 Ebd., S. 21.

3 Antoine de Saint-Exupéry, *Wind, Sand und Sterne,* Ü Henrik Becker, Düsseldorf: Rauch 1939/2010, S. 56.

4 Mong Dsi, *Mong Ko*, Ü Richard Wilhelm, Jena: Eugen Diederichs 1916, S. 34.

4

1 Michel de Montaigne, a.a.O., Erstes Buch, Kap. 20, S. 137.

2 Alain, *Die Pflicht, glücklich zu sein* XLVII, Ü Albrecht Fabri, Frankfurt am Main: Suhrkamp 2005, S. 120.

3 Die Regeln des heiligen Benedikt, Kap. 48,1.
4 Ebd., Kap. 48,8.
5 Baruch Spinoza, *Die Ethik in geometrischer Reihenfolge dargestellt*, Ü Berthold Auerbach, Stuttgart: Scheible 1841, Vierter Teil, Vorwort.
6 Jean-Jacques Rousseau, *Träumereien eines einsamen Spaziergängers,* 5. Spaziergang, Ü Dietrich Leube, Berlin: Akademie Verlag (Artemis 1985), S. 92 f.

5

1 Aristoteles, *Die Nikomachische Ethik* 10,7–8, Ü Olof Gigon, Berlin: Akademie Verlag 2011 (Artemis 1967).

6

1 Georg Wilhelm Friedrich Hegel, *Werke in 20 Bänden,* Frankfurt am Main: Suhrkamp 1970, Bd. 13, S. 135.
2 Platon, *Apologie des Sokrates* 215d, in: Platon, *Sämtliche Dialoge,* Ü Otto Apelt, Hamburg: Meiner ^{2}1998.
3 Mt 10,34–37.
4 Platon, *Politeia* 515c und 517, in: Platon, a. a. O.

7

1 Siehe Diogenes Laertios, *Leben und Meinungen berühmter Philosophen* 9, 5, Ü Otto Apelt, Hamburg: Meiner ^{2}1967, S. 161.

2 *Das Mahavagga des Vinayapitaka* 1, 3, Ü Maitrimurti / Trätow, Hamburg: Buddhistische Gesellschaft 1996.
3 Mong Dsi, a. a. O., S. 156.
4 Mt 7,1; Joh 7,24.
5 Epiktet, *Unterredungen* 4,23, a. a. O.
6 Ignatius von Loyola, *Geistliche Übungen,* 18. Bemerkung, Ü Alfred Feder, Regensburg: Manz 1922.
7 Joh 14,6.
8 Joh 16,13.

8

1 Aristoteles, a. a. O., 2,2 und 2,6.
2 Die Predigt von Benares wird vor allem überliefert im *Samyutta Nikaya* 56,11 und im *Vinayapitika Mahavagga* I, 1,6. Zitiert nach Karl Seidenstücker: *Pali-Buddhismus in Übersetzungen,* München-Neubiberg: Oskar Schloss Verlag 1923, S. 4 f.
3 Aristoteles, a. a. O., 2,1.
4 Ebd., 1,6.
5 Seneca, *Epistulae morales* 23,7 (Ü Elsbeth Ranke).
6 Seneca, *De vita beata* 3,3 (Ü Elsbeth Ranke).
7 1. Kor 13,13.
8 Siehe Moses Maimonides, *Le Guide des Egarés: Traité de théologie et de philosophie,* publié pour la première fois dans l'original arabe et accompagné d'une trad. française et de notes critiques littéraires et explicatives par S. Munk, Faksimile der Ausgabe 1856–1866, Osnabrück: Zeller 1964, III, 51.
9 Aristoteles, a. a. O., Buch 2,1.

9

1 Frédéric Lenoir, *Sokrates, Jesus, Buddha. Die Lebenslehrer,* Ü Elsbeth Ranke, München: Piper 2010.
2 Joh 8,31–32 und 34.
3 Alain Ehrenberg, *Das erschöpfte Selbst,* Ü Manuela Lenzen und Martin Klaus, Frankfurt am Main: Campus 2004.

10

1 Siehe Pythagoras, in: Hierokles, *Kommentar zum pythagoreischen Goldenen Gedicht,* Ü Friedrich Wilhelm Köhler, Stuttgart 1983, S. 1.
2 Aristoteles, a.a.O., 8,1.
3 Ebd., 9,8.
4 Cicero, *Laelius. Über die Freundschaft* 21, Ü Robert Feger, Stuttgart: Philipp Reclam 1970.
5 Michel de Montaigne, a.a.O., Drittes Buch, Kap. 10, S. 347.
6 Lev 19,34.
7 Mt 22,39.
8 Abbé Pierre mit Frédéric Lenoir, *Mein Gott, warum? Fragen eines streitbaren Gottesmannes,* Ü Bettina Lemke, München: dtv ^{2}2008.

11

1 Tob 4,16.

2 Schabbat 31a, Sieg der Sanftmut, in: *Der babylonische Talmud,* Ü Reinhold Mayer, München: Wilhelm Goldmann 1963, S. 203.

3 Diogenes Laertios, a. a. O., 5,21.

4 Isokrates, *Rede an Nikokles,* Ü Christine Ley-Hutton, Stuttgart: Anton Hiersemann 1993, S. 42.

5 Seneca, *De beneficiis* 2,1,1 (Ü Elsbeth Ranke).

6 Mt 7,12 und Lk 6,31.

7 Mt 7,1 und 7,2.

8 *Hadit* 13, in: An-Nawawi, *Vierzig Hadite,* Ü Ahmad von Denffer, Leicester u. a.: Islamic Foundation 1979.

9 Konfuzius, *Gespräche* XV,23, Ü Richard Wilhelm, München: dtv [4]2009.

10 *Udanavarga* V, 1, Ü Fritz Schäfer.

11 *Sutrakritanga* I, 11,33.

12 *Mahabharata* 113,8.

12

1 Friedrich Nietzsche, *Also sprach Zarathustra,* München: dtv 2010, S. 62.

2 Aristoteles, a. a. O., 9,9.

3 Ebd., 8,1.

4 Ebd., 9,10.

5 Diogenes Laertios, a. a. O., 5,20.

6 Cicero, *Laelius* 92, Ü Robert Feger, Stuttgart: Reclam 1970.

7 Antoine de Saint-Exupéry, a. a. O., S. 223.
8 Montaigne, a. a. O., Erstes Buch, Kap. 28, S. 293.
9 Aristoteles, a. a. O., 9,9.
10 Platon, *Das Gastmahl* 200e, in: Platon, a. a. O.
11 Ebd., 211d–e.
12 Khalil Gibran, a. a. O., S. 16.
13 Joh 13, 34–35.
14 Apg 20,35.
15 Siehe dazu Emmanuel Lévinas, *Totalität und Unendlichkeit,* Ü Wolfgang Nikolaus Krewani, Freiburg/München: Karl Alber 1987; *Ethik und Unendliches: Gespräche mit Philippe Nemo,* Hg. Peter Engelmann, Ü Dorothea Schmidt, Graz: Bühlau 1986.
16 Frédéric Lenoir, *Le Temps de la responsabilité,* Paris: Fayard 1989, S. 244 f. (Ü Elsbeth Ranke).

13

1 *Majjhima Nikaya* 21,6, Ü Kay Zumwinkel.
2 Mt 5, 38–41.
3 Lk 6, 27–28.
4 Vladimir Jankélévitch, *Das Verzeihen,* Ü Claudia Brede-Konersmann, Frankfurt am Main: Suhrkamp 2003, S. 250.
5 Lk 23,34.

14

1 1. Joh 3,17–18.
2 Mt 5,42.
3 Mt 6,2–4.
4 Mk 12,41–44.
5 Xenophon, *Erinnerungen an Sokrates* I, 6, 1, griechisch-deutsch, Hg. und Ü Peter Jaerisch, München und Zürich: Artemis [4]1978.
6 Platon, *Phaidon* 68c, in: Platon, a. a. O.
7 Epikur, »Brief an Menoikeus«, in: Diogenes Laertios, a. a. O., 10,131–132.
8 Diogenes Laertios, a. a. O., 6,35.

15

1 Mt 6,24.
2 Joh 11,3–43.

16

1 Friedrich Nietzsche, *Die fröhliche Wissenschaft* III, 270 in: Friedrich Nietzsche, *Werke in drei Bänden,* München: Hanser 1954, Bd. 2, S. 159.
2 Lk 22,42.

17

1 Marc Aurel, *Wege zu sich selbst* 8,36, Ü Carl Cleß, München: dtv [3]2010.
2 Quintus Horatius Flaccus, *Carmina* 1,11,7–8 (Ü Elsbeth Ranke).
3 Thich Nhat Hanh, *Liebe heißt, mit wachem Herzen leben: Der Weg zu sich selbst und zu anderen,* Ü Thomas Schmidt, Freiburg: Herder spektrum 2011, S. 64.

18

1 Platon, *Phaidon* 82c; 67a; 65e-66a; 65a, in: Platon, a.a.O.
2 Michel de Montaigne, a.a.O., Erstes Buch, Kap. 20, S. 126.
3 Diogenes Laertios, a.a.O., 20,125–126.
4 Baruch Spinoza, a.a.O., Vierter Teil, Lehrsatz 67.
5 Marc Aurel, a.a.O., 2,11.

19

1 Baruch Spinoza, a.a.O., Vierter Teil, Folgesatz zu Lehrsatz 50 (Hervorhebung im Original).
2 Siehe Diogenes Laertios, a.a.O., 6,29–49.
3 Platon, *Apologie des Sokrates* 31a und 30d, in: Platon, a.a.O.

20

1 Plutarch, *Von der Ruhe des Gemütes,* 477/20, Ü Bruno Snell, Berlin: Akademie Verlag (Artemis 1948), S. 26f.

2 Frédéric Lenoir, *Petit traité d'histoire des religions,* Paris: Plon 2008.

3 Emmanuel Anati, *Höhlenmalerei: Die Bilderwelt der prähistorischen Felskunst,* Ü Dorette Deutsch, Zürich, Düsseldorf: Benziger 1997, S. 10.

4 Henri Bergson, »Conférence de Madrid sur l'âme humaine«, 2. Mai 1916, in: Henri Bergson, *Mélanges,* Paris: P.U.F. 1972, S. 1201 (Ü Elsbeth Ranke).

5 Arthur Schopenhauer, *Die Welt als Wille und Vorstellung,* München: dtv ^{4}2008, S. 251f. (Hervorhebungen im Original).

6 Charles Baudelaire, *Die Blumen des Bösen* IV, Ü Friedhelm Kemp, dtv ^{11}2007, S. 23.

7 Arthur Rimbaud, Brief an Paul Demeny, Charleville, 15. Mai 1871, in: Arthur Rimbaud, *Seher-Briefe,* Ü Werner von Koppenfels, Mainz: Dieterich 1990, S. 39.

8 Lukrez, *De rerum natura, Welt aus Atomen,* 3, 28, Ü Karl Büchner, Stuttgart: Reclam 1973.

Epilog

1 Arthur Schopenhauer, *Aphorismen zur Lebensweisheit,* Stuttgart: Kröner ^{3}1963, S. 4.

Lust auf Philosophie

Peter Bieri
Wie wollen wir leben?
ISBN 978-3-423-34801-0
Der Autor spürt den Fragen der Menschheit nach.

dtv-Atlas Philosophie
Von P. Kunzmann, F.-P. Burkard und F. Wiedmann
ISBN 978-3-423-03229-2
Jubiläumsausgabe Hardcover
ISBN 978-3-423-08600-4

Philipp Blom
Böse Philosophen
Ein Salon in Paris und das vergessene Erbe der Aufklärung
ISBN 978-3-423-34755-6

Nicholas Fearn
Bin ich oder bin ich nicht?
Neue philosophische Antworten auf ewige Fragen
Übers. v. S. Held
ISBN 978-3-423-24771-9

Frieder Lauxmann
Der Umgang mit dem Bösen
Philosophische Strategien
ISBN 978-3-423-34803-4

Klassische Texte der Staatsphilosophie
Hg. v. Norbert Hoerster
ISBN 978-3-423-30147-3

Klassiker des philosophischen Denkens
Hg. v. Norbert Hoerster
Band 1: Platon, Aristoteles, Thomas von Aquin, Descartes, Spinoza, Locke, Leibniz, Berkeley
ISBN 978-3-423-30801-4

Luc Ferry
Leben lernen
Eine philosophische Gebrauchsanweisung
Übers. v. L. Künzli
ISBN 978-3-423-34537-8

John Gray
Von Menschen und anderen Tieren
Abschied vom Humanismus
Übers. v. A. Kleinschmied
ISBN 978-3-423-34726-6

Mit Kant am Strand
Ein Lesebuch für Nachdenkliche
Hg. v. Brigitte Hellmann
ISBN 978-3-423-34200-1

Mit Nietzsche auf der Gartenbank
Ein Lesebuch für Nachdenkliche
Hg. v. Brigitte Hellmann
ISBN 978-3-423-34680-1

Der kleine Taschenphilosoph
Ein Lesebuch für Nachdenkliche
Hg. v. Brigitte Hellmann
ISBN 978-3-423-34099-1

Lust auf Philosophie

Michael Hampe
Das vollkommene Leben
Vier Meditationen über das Glück
ISBN 978-3-423-**34681**-8

Tunguska oder Das Ende der Natur
ISBN 978-3-423-**34802**-7

Frédéric Lenoir
Was ist ein geglücktes Leben?
Kleine philosophische Anleitung
Übers. v. E. Ranke
ISBN 978-3-423-**34831**-7

Die Seele der Welt
Von der Weisheit der Religionen
Übers. v. E. Liebl
ISBN 978-3-423-**26012**-1

Andreas Mussenbrock
Termin mit Kant
Philosophische Lebensberatung
ISBN 978-3-423-**34581**-1

Wilhelm Weischedel
Die philosophische Hintertreppe
Die großen Philosophen in Alltag und Denken
ISBN 978-3-423-30020-9

Robert Zimmer
Das Philosophenportal
Ein Schlüssel zu klassischen Werken
ISBN 978-3-423-**34118**-9

Das große Philosophenportal
Ein Schlüssel zu klassischen Werken
ISBN 978-3-423-**34582**-8

Arthur Schopenhauer
Ein philosophischer Weltbürger
ISBN 978-3-423-**34750**-1

Denksport Philosophie
ISBN 978-3-423-**26051**-0

Friedrich Nietzsche
Sämtliche Werke
Hg. v. Giorgio Colli
Kritische Studienausgabe in 15 Bänden
ISBN 978-3-423-**59065**-5

Inspiration, die zu Herzen geht

John Strelecky im dtv

Das Café am Rande der Welt
Eine Erzählung über den Sinn des Lebens
Übers. v. B. Lemke
Mit Illustrationen von Root Leeb
ISBN 978-3-423-**20969**-4
ISBN 978-3-423-**25357**-4
dtv großdruck

Die wunderbare Geschichte eines Mannes, der nach langen Irrwegen endlich Antworten auf die Frage nach dem Sinn des Lebens findet. »Ein wunderbares Büchlein, das die Seele berührt.« (Lisa)

Safari des Lebens
Übers. v. B. Lemke
Mit Illustrationen von Root Leeb
ISBN 978-3-423-**34586**-6

Inspiration für Sinnsucher: Eine Erzählung über die Verwirklichung von Lebensträumen und die Faszination Afrikas mit seiner wunderbaren Tierwelt und seinen magischen Landschaften.

The Big Five for Life
Leadership's Greatest Secret
Was wirklich zählt im Leben
Die Erfolgsformel für Unternehmer und Führungskräfte
Übers. v. B. Lemke
dtv Hardcover
ISBN 978-3-423-**28019**-8 und
ISBN 978-3-423-**34528**-6

»Wenn Sie dieses Jahr nur ein Buch zum Thema Führung lesen wollen, dann entscheiden Sie sich für diesen Titel.« (Hamburger Abendblatt)

John Strelecky
Tim Brownson
Reich und Glücklich!
Wie Sie alles bekommen, was Sie sich wünschen
Übers. v. B. Lemke
ISBN 978-3-423-**24908**-9

Die beiden Autoren haben eine griffige Erfolgsformel gefunden, mit der wir unsere persönliche Vorstellung von Reichtum und Glück erkennen und dann auch Schritt für Schritt umsetzen können.

Die Ratgeber von Anselm Grün bei dtv

»Der Benediktinermönch betreibt Lebensphilosophie für Millionen.«
Süddeutsche Zeitung

Die Kunst, das rechte Maß zu finden
Hardcover
ISBN 978-3-423-**28040**-2
Grün ist nicht an moralischen Appellen gelegen, sondern daran, einen Weg zu einem zufriedenen und uns gemäßen Leben aufzuzeigen.

Anselm Grün, Jochen Zeitz
Gott, Geld und Gewissen
Mönch und Manager im Gespräch
ISBN 978-3-423-**34785**-3

Was kommt nach dem Tod?
Die Kunst zu leben und zu sterben
ISBN 978-3-423-**34766**-2

Königin und wilde Frau
Lebe, was du bist!
ISBN 978-3-423-**34585**-9
Anselm Grün und seine Schwester Linda Jarosch stellen 14 biblische Frauentypen vor.

Menschen führen – Leben wecken
Anregungen aus der Regel Benedikts von Nursia
ISBN 978-3-423-**34277**-3

Die hohe Kunst des Älterwerdens
ISBN 978-3-423-**34624**-5
Anselm Grün schildert einfühlsam die Herausforderungen des Älterwerdens.

Kämpfen und lieben
Wie Männer zu sich selbst finden
ISBN 978-3-423-**34638**-2
Männliche Gestalten der Bibel, die dem Leser den Weg zum Mannsein weisen können.

Trau deiner Kraft
Mutig durch Krisen gehen
ISBN 978-3-423-**34664**-1

Wunden zu Perlen verwandeln
Die 14 Nothelfer als Ikonen der Heilung
ISBN 978-3-423-**34713**-6

Womit habe ich das verdient?
Die unverständliche Gerechtigkeit Gottes
ISBN 978-3-423-**34738**-9

Bitte besuchen Sie uns im Internet: www.dtv.de

John O'Donohue im dtv

Die vier Elemente

Innere Kraft und Ruhe durch die Weisheit der Natur
Übersetzt von Ditte und Giovanni Bandini

ISBN 978-3-423-**26037**-4

Poetisch und einfühlsam schreibt der Autor über die vier Elemente Feuer, Wasser, Luft und Erde und gibt dem Leser so inspirierende Anregungen, das Leben auf neue Weise in den Blick zu nehmen.

Anam Ċara

Das Buch der keltischen Weisheit
Übersetzt von Ditte und Giovanni Bandini

ISBN 978-3-423-**34639**-9

Anam ist das gälische Wort für Seele, Ċara heißt Freund. Anam Ċara bedeutet also »Seelenfreund«. Die Kelten besaßen eine tiefe Einsicht in das Wesen der Liebe und der Freundschaft. Der Autor enthüllt in diesem Buch keltische Geheimnisse, die die Leser in unserer hektischen Zeit in harmonischen Einklang mit der Welt bringen.

Echo der Seele

Von der Sehnsucht nach Geborgenheit
Übersetzt von Ditte und Giovanni Bandini

ISBN 978-3-423-**24180**-9

Noch nie war der Hunger nach Zugehörigkeit so quälend wie heute. Die Geborgenheit, die wir in der Zugehörigkeit erfahren, schenkt uns Kraft; sie bestätigt in uns eine Stille und Gewissheit des Herzens, und sie versichert uns des Bodens, auf dem wir stehen.

»... eine eloquente Meditation über die Kunst des Lebens ... eine Schatzgrube für Leser aller Glaubensrichtungen.«
Publishers Weekly

Spiritualität bei dtv

Die Bhagavad Gita
Das Weisheitsbuch fürs 21. Jahrhundert
Übertragen und kommentiert von Ralph Skuban
ISBN 978-3-423-**34786**-0

Dalai Lama
Der Weisheit des Herzens folgen
Warum Frauen die Zukunft gehört
Übers. v. E. Liebl
ISBN 978-3-423-**24803**-7

Khalil Gibran
Der Prophet
Übers. v. D. und G. Bandini
ISBN 978-3-423-**36261**-0

Der Traum des Propheten
Lebensweisheiten
Übers. v. D. und G. Bandini
ISBN 978-3-423-**34144**-8

Der Gesang des Propheten
Übers. v. D. u. G. Bandini
ISBN 978-3-423-**34451**-7

Der Wanderer
Übers. v. D. und G. Bandini
ISBN 978-3-423-**34535**-4

Im Garten des Propheten
Übers. v. D. und G. Bandini
ISBN 978-3-423-**34711**-2

Andrea Löhndorf
Anleitung zum Pilgern
Ein Lebensbegleiter
ISBN 978-3-423-**34589**-7

Anselm Grün
Menschen führen – Leben wecken
ISBN 978-3-423-**34277**-3

Leben und Beruf
Eine spirituelle Herausforderung
ISBN 978-3-423-**34534**-7

Die Zehn Gebote
Wegweiser in die Freiheit
ISBN 978-3-423-**34555**-2

Die hohe Kunst des Älterwerdens
ISBN 978-3-423-**34624**-5

Trau deiner Kraft
Mutig durch Krisen gehen
ISBN 978-3-423-**34664**-1

Königin und wilde Frau
Mit Linda Jarosch
ISBN 978-3-423-**34585**-9

Die Kunst, das rechte Maß zu finden
ISBN 978-3-423-**28040**-2

William Hart
Die Kunst des Lebens
Vipassana-Meditation nach S. N. Goenka
Übers. v. H. Bartsch
ISBN 978-3-423-**34338**-1

Bettina Lemke
Der kleine Taschenbuddhist
ISBN 978-3-423-**34568**-2

Der kleine Glücksberater
ISBN 978-3-423-**34663**-4

Spiritualität bei dtv

Die heilende Kraft der Gefühle
Gespräche mit dem Dalai Lama
Hg. v. Daniel Goleman
Übers. v. F. R. Glunk
ISBN 978-3-423-**36178**-1

Frédéric Lenoir
Was ist ein geglücktes Leben?
Kleine philosophische Anleitung
Übers. v. E. Ranke
ISBN 978-3-423-**34831**-7

Die Seele der Welt
Von der Weisheit der Religionen
Übers. v. E. Liebl
ISBN 978-3-423-**26012**-1

John O'Donohue
Die vier Elemente
Innere Kraft und Ruhe durch die Weisheit der Natur
Übers. v. D. u. G. Bandini
ISBN 978-3-423-**26037**-4

Anam Ċara
Das Buch der keltischen Weisheit
Übers. v. D. u. G. Bandini
ISBN 978-3-423-**34639**-9

Marie Mannschatz
Buddhas Anleitung zum Glücklichsein
Fünf Weisheiten, die Ihren Alltag verändern
ISBN 978-3-423-**34587**-3

Drukpa Rinpoche
Tibetische Weisheiten
Lebensweisheiten eines tibetischen Meditationsmeisters
Übers. v. S. Schuhmacher
ISBN 978-3-423-**36143**-9

Weisheiten der Bibel
Hg. v. I. Seidenstricker
ISBN 978-3-423-**34270**-4

Worte, die stärken
Weisheiten für den Augenblick
Hg. v. I. Seidenstricker
ISBN 978-3-423-**34503**-3

Worte, die Kraft geben
Inspiration, Mut und Zuversicht für das Jahr
Hg. v. I. Seidenstricker
ISBN 978-3-423-**34765**-5

Der kleine Taschencoach
Impulse für ein gutes Leben
Hg. v. I. Seidenstricker
ISBN 978-3-423-**34829**-4

Krisen in Chancen verwandeln

Christina Berndt

Resilienz

Das Geheimnis der psychischen Widerstandskraft
Was uns stark macht gegen Stress, Depressionen und Burn-out.

ISBN 978-3-423-**34845**-4

Auch als eBook und Hörbuch lieferbar.

Resilienz nennen die Psychologen die geheimnisvolle Kraft, aus einer deprimierenden Situation wieder ins volle Leben zurückzukehren, Widerstand zu leisten gegen die Zumutungen der Umwelt; den Blick optimistisch nach vorn zu lenken, aus einer Selbstsicherheit heraus zu handeln, die den Großteil der Kritik abprallen lässt und gezielt nur das verwertet, was konstruktiv ist.

Die Autorin gibt praktischen Rat und zeigt Wege auf, wie man sich durch die großen und kleinen Krisen des Lebens manövrieren kann. Denn obwohl die Fundamente der psychischen Widerstandskraft schon in frühester Kindheit gelegt werden, lassen sie sich doch auch später noch aushärten, falls man die richtigen Strategien kennt.

**»Umfassend und überzeugend …
Es ist ein Ratgeber-Hausbuch, lebensbegleitend.«**
kultur-punkt.ch

Daniel Goleman im dtv

Dialog mit dem Dalai Lama

Wie wir destruktive Emotionen überwinden können
Übers. v. F. Griese

ISBN 978-3-423-**34207**-0

Warum werden Menschen zu Schlägern, Mördern, Kriegsverbrechern? Bedeutende Wissenschaftler diskutieren mit dem Dalai Lama. Der Dialog zwischen tibetischem Buddhismus und westlicher Psychologie bringt überraschende und ermutigende Ergebnisse.

»Eine höchst anspruchsvolle, intellektuelle und zugleich ungemein fesselnde Lektüre.«
Stuttgarter Nachrichten

EQ. Emotionale Intelligenz

Übers. v. F. Griese

ISBN 978-3-423-**36020**-3

»EQ statt IQ« heißt die neue, griffige Erfolgsformel, mit der Daniel Golemans internationaler Bestseller einen Nerv unserer Zeit trifft. Er zeigt spannende Forschungsperspektiven zu einem Thema, das uns alle angeht: die Wiedervereinigung von Herz und Verstand.

Die heilende Kraft der Gefühle

Gespräche mit dem Dalai Lama über Achtsamkeit, Emotion und Gesundheit
Übers. v. F. R. Glunk

ISBN 978-3-423-**36178**-1

Erst seit zwei Jahrzehnten beginnen Ärzte, Biologen und Psychologen im Westen, den Einfluss von Gefühlen auf das körperliche und geistige Wohlbefinden zu verstehen. Aber schon seit zwei Jahrtausenden wissen buddhistische Denker um die Heilkräfte des menschlichen Geistes. Der Buddhismus besitzt wirkungsvolle praktische Methoden, die Macht der Emotionen als Heilmittel einzusetzen.